사랑이었음을 알았네

샘문시선 1067
한국문학상 수상 기념 시집
이종탁 감성시집

K-poetry

혹시나 저 바람 속에
임이 부르는 소리도 섞였을까!
두 귀를 쫑긋 세워
눈을 감고 가만히 세어보니
들리는 건, 그리움에 속삭이며 부르는
별들의 옛사랑 노래였을 뿐
〈혹여, 당신일까?, 일부 인용〉

여태껏 허둥대며 방황했던 이유는
아마도 그대가 비우고 간 내 안의 곪은 상처가
아직도 온전히 아물지 않고 있기 때문일 겁니다

숲속으로 또 바람이 스미어 지나가고
하늘에는 무수한 얼굴의 구름도 흘러가고
또 해가 지고 아침이 수없이 밝아와도

그 그리움은 어제와 똑같을 겁니다
〈당신이 그리운 까닭은, 일부 인용〉

길가에 소슬소슬 풀 이파리 소리에도
가을밤 불러주는 풀벌레들 합창에도
가녀린 가슴속은 어찌 이리 애달플까

서녘 하늘 노을 속에 별들마저 잠든 마을이
풀벌레들 합창으로 가슴 적신 가을밤에
지아비의 기도 소리 촛불 속에 애타구나
〈하늘아 하늘아, 일부 인용〉

_____ 님께

_____ 년   월   일

_____ 드립니다.

한국문학상 수상 기념 시집

사랑이었음을 알았네

이종탁 감성시집

여는 글

그 해 4학년 말, 영문과 학부 종강을 며칠 앞두고 은퇴를 얼마 남겨두지 않으셨던 영미문학 전공 백발의 지도 교수님께서 연구실로 나를 부르셨다.

"가정 사정상, 학문의 길이 아닌 취업의 길로 진로를 정했더라도, 하나님이 자네에게 주신 문학적 재능의 달란트를 비록 한참의 세월이 흐를지라도 꼭 잊지 말고 언젠가는 다시 펜을 잡기를 바라겠네"라는 간곡한 당부의 말씀을 주셨었다.

그로부터 35년의 세월이 흘렀다. 그간 직장에서 또는 사업의 현장에서 치열히 세계시장을 누비며 밤낮을 모르게 일하며 일에 대한 무한한 열정을 태워왔다.

세계 곳곳을 누비며, 해외 수출의 최전선에서 외화 획득으로 나라에 보국하고, 개인도 함께 성장을 해가는 기업인으로서의 자세와 철학을 적극 실천해오고 있었다. 당연히 문학적인 일들에는 마음이 멀어졌고 관심을 둘 수도 없었으며 펜을 들 수 있는 시간적 공간적 환경이 허락되지 않았다.

제자의 잠재된 재능을 백발의 교수님은 어떻게 알아보셨을까? 남겨주신 그 말씀은 늘 내 가슴속 깊이 조각

여는 글

되어 남아 있었고, 35년이 지난 지금에서야 〈등단〉이라는 작은 꽃망울을 피우며 아주 오래전 가난했던 한 제자를 사랑하고 관심을 주셨던 교수님을 생각게 한다.

시詩는 외로움을 먹으며 잉태되고, 고독 속에서 비로소 출산되어 자라나는 철학적 심미적 정서적 결정체라 여겨진다. 그리하여 내 영혼의 배고픔은 가던 길을 멈추게 하였고, 지나온 길들을 되돌아보면서 이미 떠나가 버린 못다 한 사랑을 그리워하며, 삶의 반대 방향의 어두운 숲속에서 번민으로 몸부림치며 살아내기 위해서 글을 쓰고 있었는지도 모른다.

아주 오래전, 시인의 길을 꿈꾸었다. 그러나, 사정과 환경과 실력이 허락지 않았고, 천부적 재능 또한 한참 모자람을 느꼈다. 그러나, 초등 시절부터 유난히 글쓰기를 좋아하였으며 그 지적 호기심은 대학생 청년이 된, 학부 시절까지 이어졌다.

삶과 가정이 어느 정도 안정을 찾아가고 있을 즈음, 내 삶의 모든 것이었고 유일한 지지자였던 사랑하는 아내를 덮친 말기 암 선고는 청천벽력 그 자체였으며, 알토란 같이 행복하게 지내오던 우리 가족에게는 크나큰 시련의 서막이 되었다.

2년여의 치열했던 암 투병 후, 사랑의 아내는 울부짖는 가족을 뒤로한 채, 저 머나먼 하늘의 별이 되어 홀연히 떠나갔다. 공허와 황망함, 상실의 아픔과 공황적 심리의 끝 모를 붕괴로 숱한 날들에 진한 눈물을 뿌려가며 떠나간 아내를 그리워하며 지내왔다.

그리고, 이별 후 5년여 시간이 흘렀다. 아직까지도 도무지 인정될 수 없고, 받아들일 수도 없으며 믿어지지도 않는 황망함 속에, 공허와 공황의 마음으로 상실의 아픔을 글로 치유해가며 형극과도 같았던 시간을 추스르며 겨우겨우 견뎌오고 있다.

암 선고와 함께 희망을 향한 아내의 쾌유를 비는 투병 일지를 외로이 쓰기 시작했다. 하루도 빠짐없이 매일매일 일지를 써 내려갔다. 2년간의 투병 날들에 더해, 이별 후 5년의 시간 동안 숱한 눈물을 뿌려가며 수필과 시를 써 내리며, 상실의 아픈 마음을 글로 위로하고 달래며 스스로를 부둥켜안고 치유해오고 있었다.

그리고, 오랜 기간 꿈꿔왔던 등단의 소식을 접했지만, 전혀 기쁘지가 않았다. 여태껏 내 영혼의 마음 공간에서 사랑하는 아내를 보내지 못하고 있었던 애달픈 기억과 추억 때문이었다.

아내와의 사별은, 역설 적이게도 문학동네 시인으로의 입성과 등단을 가능케 한, 인도의 원인이 되었다. 그러하기에, 결코 기뻐할 수 없는 현실적 상황이 더욱더 마음을 아프게 한다. 그러나, 하늘의 아내는 홀로 남겨진 지아비가 아픔을 잘 견디며 극복한 시인으로의 등단을 아마도 무척 반겨주고 축하해 줄 것이라 믿는다. 영혼의 그리움을 가슴에 갈아 넣어 글로 표현한, 하늘의 그리운 아내에게 다가가고자 했던 어느 한 고독한 문인이 눈물로 써 내린 못다 한, 사랑 이야기이다.

여는 글

시인으로의 길로 안내해 준 아내를 몹시도 그리워하며, 이 창작 문집을 아내의 영전에 삼가 바치는 바이다. 아울러, 부족하고 다듬어지지 않은 갈 길이 먼 신인 문인에게 많은 지도와 가르침을 아끼지 않으신 시인 이정록 회장님, 교수님께 깊은 감사의 말씀을 드립니다.

그리고 끈을 붙잡고 위로해주는 사랑하는 가족들과 친구들, 지인들, 모든 문인과 직장 동료 및 직원분들께도 존경과 감사를 드립니다. 방황하던 아픈 영혼에게 많은 위무를 해 주셔서 정말 고맙습니다.

2025. 07. 16.

희망의 뜨락에서 **이종탁** 드림

임의 부재를 극복하는 시적 아우라

— 심종숙(시인, 교수, 문학박사, 문학평론가)

회자정리, 이 말은 인생의 길에서 만남이 있으면 이별이 있다는 불가의 말이다. 이별은 우리 시문학사에서 만해 한용운의 『님의 침묵』에서 부재하는 님에 대한 시적 주체의 이별의 정한, 떠난 뒤의 후회와 성찰, 님에 대한 굳은 사랑의 맹세, 님과의 재회를 이루어 가는 과정을 연작시의 전편에서 노래하였다.

사람에게 각각의 이별이 있겠지만 이종탁 시인의 시집 『사랑이었음을 알았네』는 노년을 살아가는 많은 사람들에게 공감을 줄 시집이라고 생각한다. 왜냐하면 사람들은 회자정리의 이치로부터 벗어날 수 없기 때문에 누구 한 사람이 먼저 가고 나중에 가는 것이 정해진 이치인 것이다. 부부의 연이 되어 오랜 시간을 한 몸같이 살아오다가 어느 한쪽의 죽음으로 인해 겪는 상실의 아픔은 그 무엇에도 비길 수가 없는 일이다. 이종탁 시인은 아내의 죽음을 슬퍼하고 상실의 아픔을 겪으면서 아직 마음에서 떠나보낼 수 없는 배우자에 대한 기억과 현재 배우자가 없는 일상의 부재감을 그렸다. 아내의 부재로 인한 공허감, 상실감과 부재감, 고독감이 시인으로 하여금 불안과 외로움, 정신적 두려움은 공황으로까지 몰고 간다.

이 고통을 이겨내기 위하여 시인은 시 쓰기를 통하여 이겨내고 있다. 그에게 시 쓰기는 아내의 죽음으로 인한 상실감을 극복하는 과정이다. 그나마 슬픔과 우울의 정서

평 설

를 넘어 시를 쓰면서 점점 정서의 안정을 얻어가고 있다고 해야 할 것이며, 시 쓰기가 상실의 상처를 극복해 나가는 데 도움을 주고 있다는 생각이다. 이종탁 시인이 겪고 있는 사별의 아픔은 비단 그만이 겪는 고통은 아니다. 우리가 겪는 혹은 겪게 될 상실의 고통이다. 존재가 비존재로 될 때 그 낯섦에 대한 공포와 불안, 두려움, 슬픔과 우울, 짝을 잃은 외로움은 말할 수 없는 고통이기에 어떤 경우에는 그 모든 고통이 그대로 무의식으로 내면화되어 병증을 일으킬 수도 있다. 그러나 이종탁 시인이 느끼는 감정은 지극히 정상적이며 자연스럽기까지 하다. 이러한 자연스러운 과정을 통하여 이종탁 시인은 상실의 고통에서 벗어날 수 있을 것이다.

특히 어떤 사람들은 망자가 살아있었을 때 자신을 고통스럽게 하였다면 그의 부재는 해방일 수 있고 자유일 수도 있다. 그러나 망자가 자신에게 이루 말할 수 없는 사랑스러운 대상이었다면 그 부재는 견디기 힘들고 평생 잊지 못하고 살아갈 수도 있다. 이런 경우는 망자를 그리워하면서 그의 죽음을 슬퍼하면서 평생을 살아가기도 한다. 망자에 대한 그리움을 안고 평생 살아가는 사람은 홀로 고독하게 살아가는 것을 받아들인 사람들이다. 사랑했기에 더욱 아픈 사람들은 그 고통을 묵묵히 받아들이며 천상에 있는 대상을 그리며 살아가기도 한다.

이종탁 시인의 시편들은 정서적으로 사별의 아픔으로 슬픔과 우울, 외로움을 겪었지만 어둡지만은 않다. 오히려 밝고, 명랑한 분위기의 시들도 많다. 이것은 어쩌면 그가 어린아이와 같은 동심으로 사별의 아픔을 되새기고 있는지도 모른다. 그의 많은 시편들이 맑고 밝은 느낌을 주는 것은 자신의 이별 감정을 시로 써봄으로써 시 속에서 사랑하는 아내를 만나기 때문에 오히려 밝은 느낌을 주고 있는지도 모른다. 그의 시편들은 슬픔과 우울로 인해 불안과 외로움의 어둡고 무겁고 침울한 정서보다 밝은 정서인 것은 거기에 그의 아내가 있기 때문이다. 이런 느낌은 시 속에서 자신의 아내와 대화하는 느낌에 가깝다고 해야할 것이다. 어떤 시들이 꽤, 요설적인 느낌을 주는 것도 이런 태도에서 나오는 것이라 여겨진다. 어떤 시들은 매우 정제되어 있거나 함축적인 느낌을 주기도 한다.

시인은 아내가 없는 일상을 자세히 기록하기도 한다. 출퇴근 시의 상황을 잘 묘사하기도 한다. 이런 시들은 독자들로 하여금 눈물을 자아내게 한다. 마치 순진한 아이처럼 어미가 죽은 줄도 모르고 젖을 빠는 아이처럼 말이다. 그것은 어쩌면 이성적으로는 부재를 알지만 그의 마음은 여전히 아내를 사랑하고 있기에 아내에게 말을 걸고 즐거워하는 것이다. 시를 쓴다는 것은 무언가 그에게, 그의 시 쓰기는 망자에 대한 진혼일 수도 있고 아내의 부재감을 달래거나 느끼고 싶지 않기 때문이거나 아내가 생각나기 때문일 것이다. 이는 아내 아닌 다른 사람을 그리워하거나 받아들일 수도 없는, 그의 아내에 대한 깊은 사랑 때문이다. 이 사랑은 그가 상실과 슬픔을 느낄 때까지일지 그 이상일지는 예상할 수가 없다.

그러나 누구나 사별하게 되면 다양한 감정의 층위가 있겠지만 이종탁 시인의 시편들에서는 그가 자신의 감정에 대해 꾸밈없이, 여과 없이 쓰고 있다는 점이다. 어쩌면 이 점이 독자들이 다가오게 할 수 있지 않을까 생각한다. 사랑하는 사람이 죽게 되면 부재감으로 혼란스럽거나 슬프거나 우울해지거나 절망 속에 빠지는 것이 보통의 감정이다. 그러나 이런 속에서 망자에 대한 진혼과 자신을 추스린

평 설

다음에는 여러 가지 선택지가 있다.

 삼년상을 끝내고 망자로부터 자유로워져서 새로운 인연에 대한 그리움과 기다림의 감정이 찾아올 수도 있다. 이종탁 시인의 시편들에는 이 모든 감정이 엿보이기에 그가 솔직한 심정으로 시를 쓰고 있다고 생각한다. 그의 많은 시편들이 동심을 지니고 시를 쓰면서 아내를 더욱 그리워하고 자신이 많이 사랑했었다는 것을 뒤늦게야 깨닫기도 한다. 그 이유는 현재 그는 아내의 부재감을 견디며 홀로 있기 때문이다. 그가 홀로 있는 현재가 시를 생산하는 절대적인 시간이 아닐까도 생각한다.

"여보, 회사 잘 다녀올게"
이른 아침 출근을 서두르며
액자 속 여인에게 말을 건넨다

"여보 안녕, 나왔어, 잘 지냈지?"
사내는 무거운 현관문을 밀치며
썰렁한 집안을 지키고 있는
여인을 향해 퇴근 인사를 건넨다

사내는 외로운 출퇴근길 발걸음마다
오늘도 역시 액자 속 그녀에게
하트를 날리며 다정히 속살거린다

돌아오지 않는 그녀의 답변을
문드러진 공허한 가슴을 윤색하여
상상으로 각색하고 추억으로 채색하며
매일매일 4년 반을 한결같이
절절한 인사를 건네면서
현상계와 저승 사이에 현관문을 드나들고 있다

기쁠 때는 기쁜 미소로 보이고
슬플 때는 슬픈 노래로 들리고

힘들 때는 위로하는 몸짓이니
액자 속 여인의 표정은
단아한 현모양처다

내일은 또 어떤 표정으로
홀아비의 인사를 정답게 받아주고
홀아비는 그녀에게 어떤 인사를 건넬까!

— 「아내의 화석」 전문

이 시는 평범한 일상 안에서 시인이 아내에 대해, 대화 형식으로 쓴 것으로 시의 전반부에 실었다. 아내는 영정 사진 속에 존재한다. 출퇴근 인사를 하는 시인의 마음이 느껴진다. "현상계와 저승 사이에 현관문"을 드나들고 있다고 하듯이 망자의 기억과 영정 사진이 있는 시인의 집, 내실은 그녀의 무덤일 수도, 저승일 수도 있다. 시인의 집 현관문은 바로 이승과 저승의 경계를 가르는 문이다. 그처럼 그는 4년 반을 이승과 저승을 오갔다는 말이다.

영정 사진 속 아내는 단아한 현모양처의 모습으로만 존재한다. "돌아오지 않는 그녀의 답변을/ 문드러진 공허한 가슴을 윤색하여/ 상상으로 각색하고 추억으로 채색하며" 살아온 4년 반의 세월이 고스란히 녹아있는 시 구절이다. 여기에서 놓쳐서는 안 될 것이 이종탁 시인은 자신을 '사내', '홀아비'로 삼인칭으로 서술하고 있다는 것이다. 이것은 이미 그가 자신을 객체화 하고 있고 자신의 모든 것을 객관적으로 바라보고 있다는 점이다. 그래서 공허감을 윤색하고, 상상력으로 각색하고 추억으로 채색하였다고 밝히는 4년 반의 시간이었음을 고백한다. 시 쓰기란 그의 말대로 상실의 고통을 재현하는 시간이었던 것이다. 이 시에서 시제를 '아내의 화석'이라 했던 것도 영정 사진 속에 존재

평 설

하는 아내는 이미 사진 속 사람으로 사진과 함께 물질화 되어 있으나 그 대상을 추억하는 나의 감정은 여전히 살아있고 현상계와 천상계를 오가며 사랑하는 대상인 아내에 대해 공허감을 윤색하고 있다.

    길을 걷다가, 문득
    누군가가 부르는 듯하여
    혹여 당신일까!
    흠칫 뒤를 훔쳐보니
    그저 밤하늘 별들 사이사이를 오가며
    별들에 부딪히는 무심한 바람 소리였을 뿐

    혹시나 저 바람 속에
    임이 부르는 소리도 섞였을까!
    두 귀를 쫑긋 세워
    눈을 감고 가만히 세어보니
    들리는 건, 그리움에 속삭이며 부르는
    별들의 옛사랑 노래였을 뿐

        - 「혹여, 당신일까?」 전문

  이 시는 공허감을 윤색하는 시편이다. 그러나 이 시편에서도 「아내의 화석」에서처럼 천상의 이미지를 직조한다. 별들이 존재하는 천상계로 시인의 상상력은 연장되고 있다고 해야 할 것이다. 길을 걷다가 누군가 부르는 듯한 환청을 의식하여 뒤돌아보니 별들 사이를 오가는 바람이었고 바람 속에 임이 부르는 소린가 기대했으나 들리는 건 별들의 옛사랑 노래였다는 2연 구조의 이 시는 공허감과 부재감을 표현한 시이다. 그러나 시인이 연속적으로 천상계의 이미지들을 직조하는 것은, 즉 윤색하는 것은 아내가 천상계로 떠났기 때문이고 시인은 천상계에 있는 아내에게 마음이 가있기 때문에 상상력으로 천상계의 이미지를 직조한다, 시인의 시 쓰기는 윤색과 각색, 추억을 회상하는 채색의 시간으로 모두 상상력을 필요로 하는 것이었다. 아내의 부재 속에서 그가 버티어 낼 수 있었던 것은 시적 상상력을 궁굴리는 시간 덕택이었다. 이 시는 임의 부재로 인한 공허감을 잘 노래한 시편이라고 할 수 있다.

   이종탁 시인의 공허감은 천상 지향으로 이미지가 직조되어 가는데 집, 하늘의 별에서 하늘의 옹달샘으로 이미지의 나뭇가지가 뻗어가고 있는 것은 상상력의 힘이었고 하늘=옹달샘으로 표현된다.

> 그대는 옹달샘.
> 하늘도 담기고
> 바람도 담기고
> 풀잎도 담기고
> 새소리도 담긴
>
> 그대는 마음샘.
> 내 모습도 담고
> 내 미소도 담고
> 내 마음도 담고
> 내 사랑도 담은
>
> 애끓는 영혼의 타는 목마름과
> 갈증을 풀어준 청아한 생명수
>
> 그랬던 그대는
> 포근한 사랑샘
>
> 그러나 그대는
> 언제나 샘솟는
> 한없는 그리움
> 간절한 보고픔
>
> 가슴에만 담고

> 평 설

바라만 봐야될
운명의 이별샘

그런 그대는
하늘에만 떠 있는
파란 옹달샘

– 「그대는 옹달샘」 전문

샘은 사람에게 생명수를 준다. 시인은 '그대(망부)'를 옹달샘에 비유한다. 그 옹달샘에는 제 1연에서와 같이 하늘, 바람, 풀잎, 새소리를 담는다. 옹달샘은 모든 삼라만상을 품고 있는 생명의 근원이다. 이것은 현상계의 모습을 의미하기도 한다. 2연에는 '그대'를 마음샘에 비유한다. 마음샘은 나의 모습, 미소, 마음, 사랑을 담는다. 제 1연의 눈에 보이는 사물이 옹달샘에 담겨있는 것과 달리 제 2연의 옹달샘은 마음샘으로 눈에 보이지 않는 세계를 담고 있다. 자연현상으로 옹달샘은 여러 자연물을 담고 있기도 하지만 눈에 보이지 않는 추상이나 관념의 세계를 담고 있기도 하다.

이 옹달샘은 목마름과 갈증을 풀어주는 생명수이다. 그랬던 아내는 포근히 나를 감싸주는 사랑샘이었다. 이 사랑샘은 시 「나 어릴 적 손발 때 벗기기」의 추억 속 어머니와의 에피소드와 겹치고 있다. 어린 시절 추억 속 어머니는 목욕통에 시인을 앉혀두고 몸을 씻어준 사랑의 어머니였다. 그 사랑의 어머니가 성인이 되어 가정을 이루면서 '그대'인 아내가 대신한다. 그때의 목욕통 속의 따뜻한 정화의 물과 생명수 옹달샘이 사랑샘인 것은 동일하다. 그리고 '그대'는 또한 시인에게 한없는 그리움이 샘솟는 그리움의 옹달샘이며 가슴에만 담고 바라만 봐야 할 운명의 이별샘이 되었다. 그리고 '그대'는 "하늘에만 떠있는/파란 옹달샘"이다.

　시인은 알고 있다. 아내는 바라만 봐야 할 마음속의 옹달샘으로 푸른 하늘 옹달샘이라는 것을, 그야말로 만질 수 없고 사랑의 행위를 할 수 없는 존재가 되어 천상에 존재하는 옹달샘이 된 현실을 냉철히 인식하고 있으면서도 시인은 동시적 감성으로 이 어렵고 고통스러운 사별의 아픔을 드러낸다. 아내가 하늘나라에 속하는 존재인 것을 시인은 이와 같이 '집'에서 천상의 '별'이나 '옹달샘'으로 이미지를 지속시킨다. 이 힘은 시인의 상상력의 힘으로서 망자의 부재로 인해 느껴지는 공허감을 현상계에서 천상 지향으로 윤색해 나가는 과정을 보여준다고 하겠다. 이 공허감을 돌다리에 비유하여 천상과 지상을 연결할 수 없는 원인에 대해 시인은 철저히 표현한다. 그것은 마음속의 돌다리 하나가 부재하기 때문이고 아내의 죽음이 부재와 공허감을 가져왔다는 인식이다.

　　하나 다음에 또 하나
　　둘 다음에도 또 하나
　　혼자서는 결코 건너갈 수 없는 길

　　하나 다음에 또 하나가 놓여져야
　　비로소 마음 놓고 건너갈 수 있는 길

　　내 돌다리 하나는 어디로 갔을까?
　　건너려, 건너려 또 건너려 해도
　　가슴에서 빠져버린 돌다리 하나에
　　지척인 행복의 땅으로 건너갈 수가 없다

　　아, 그대가 빼내 버린 가슴속 돌다리 하나
　　그 텅 빈 돌다리 사이로
　　그리움의 물줄기는 쉼 없이 흘러가고

평 설

물살의 아우성이 뱉어낸 하얀 물거품들만이
애타는 가슴에서 맴돌고 있다

그대가 **빼내** 버린
가슴속 돌다리 하나

- 「돌다리」 전문

돌다리는 강을 건너기 위해 놓인 것이다. 강은 강 건너 피안과 강의 이쪽 이승의 세계 사이를 가로질러 흐른다. '강을 건넌다'라는 의미는 여기에서 첫째 일상에서 강을 건너가기 위한 것, 둘째 이승에서 저승으로 건너가는 것, 셋째, 어려움과 고통을 극복하고 젖과 꿀이 흐르는 땅인 가나안 복지로 들어가는 것처럼 행복한 삶으로 건너가는 것으로써 중층적인 의미를 지닌다. '지적인 행복의 땅'으로 건너갈 수 있기 위해 돌다리를 건너야 하는데 '그대'의 죽음으로 돌다리 하나가 빠져서 행복의 땅으로 건너갈 수 없게 되었다. '그대'는 나에게 돌다리 하나를 빼내어 버리고 '나'를 불행하게 한 원인이기도 하다는 시인의 인식에서 먼저 간 사람에 대한 야속한 감정을 읽어낼 수도 있다.

그리움과 사랑 그리고 야속함이 얽힌 감정의 실타래에서 시인은 그래도 벗어나고자 하고 강을 건너 피안에 들어야 한다고 생각한다. 그리움의 물줄기가 쉼 없이 흐르는 강에서 돌다리를 건너 '그대'를 다시 만나서 복지에 이르고 싶었던 꿈의 좌절을 표현하고 있다. 돌다리가 빼내어 진만큼 절통하고 비극적인 자신의 삶에 대한 회한일 것이다. 그러나 사별은 그 누구의 탓도 아니기에, 이 시편에서 읽을 수 있는 고인을 향한 그리움은 애석함과 함께 절창이 되고 있다. 안타까운 그리움은 불교적인 윤회전생 사상의 환생으로 이어지고 있다. 시인의 의식에는 불교적인 회자정리, 윤회전생의 사상적 뿌리가 있다. 대개의 우리 민중의 삶 속에 깊이 뿌리내린 불교적인 사상의 뿌리가 환생의 의식을 불러오고 있다.

그 해, 그 뜨거웠던 한여름,
그리움에 피멍 든 가슴은 하얗게 얼어버렸고
온갖 세파에 풍화되고 말라 박제가 되더니

가슴에서 튕겨져나온 무한의 설움과 그리움이
조금씩 삐쳐 나와
길가에 흐드러진 금계국으로 환생하였군요

온화하고
화사하며
인자하고
부드러운

곱디고운 어여쁜 자태가
분명 꽃으로 환생한 당신이지요

- 「환생- 금계국」 부분

이 시도 역시 불러봐도 대답 없는 아내를 부르는 형식으로 이루어져 있다. 시인은 노란 금계국 꽃을 산책길에서 만난다. 그러니까 그에게 노란 금계국은 아내를 연상시켰기에, 이 시가 탄생 되었다. 불교의 윤회전생 사상에서 환생이라는 개념이 이 시의 근간을 이루고 있다. 사람은 죽어서 삼라만상의 동식물로 다시 태어난다고 한다. 그러나 무상도에 이르면 더 이상의 윤회전생을 하지 않는다고 한다. 죽은 자가 무상도에 이르면 더 이상의 윤회전생은 없는 것이다. 사랑스런 아내가 어여쁜 금계국으로 환생했길 바라는 시인의 마음이 느껴지는 시편이다. 죽은 아내가 여름날 지천으로 피어 있는 그 친근하고 반가운 노랑 금계

평 설

국꽃으로 피어 있다는 것이 시인에게 얼마나 큰 위안이 되었을까. 여름이면 강가 둑이나 길가에 노랗게 무리 지어 피는 그 꽃의 정겨움과 화사함은 망부亡婦가 시인에게 주었던 그 사람만의 자태요 사랑이 아니었을까 생각하게 하는 시라고 할 수 있다.

그리고 금계국꽃의 묘사가 "온화하고/ 화사하며/ 인자하고/ 부드러운"이라는 관형어를 써서 특별히 한 연을 할애한 걸 보았을 때 금계국-아내의 환생-부처나 관음보살의 미소를 연상시키고 있다. 그러므로 망부는 시인에게 부처나 관음보살처럼 자신을 구원해 준 사람이었다. 구원의 여성상을 시인은 이렇게 표현하고 있고 그 절대자는 아내의 죽음으로 인한 불행한 처지의 자신을 다시 일으켜 세워서 복지로 향하게 해 줄 거라는 믿음을 내다보게 하고 있다. 우리가 노력해서 얻는 것보다 절대자나 구원자가 우리에게 거저 주었던 것, 공기, 물방울, 태양, 빛, 자연처럼 자연의 일부인 '사람'을 우리에게 주었다. 그것을 우리들은 모르고 있었을 뿐이다.

그러므로 시인은 여기서 깊은 성찰을 하게 되었다. 부재의 고통으로 그는 자신을 성찰하게 되었고 그래서 모든 게 사랑이었다는 고백을 할 수 있었다. 죽은 아내도 거저 받은 존재였고 그 은덕은 더욱 빛이 나서 아내가 남기고 간 사랑을 깊이 깨닫고 사랑으로 살아갈 수 있게 되면서 홀로이건 새로운 사람을 또 받은 쪽이든 어떤 삶에도 그는 감사할 수가 있고 사랑이라는 거대한 하늘의 옹달샘을 품고 갈 것이다.

그것은 어린 시절 때를 씻어준 어머니의 사랑과 일맥상통하고 망부로부터 받은 사랑, 그 모든 사랑이 자비의 대해인 부처의 사랑, 하느님의 큰 사랑으로 우리의 땅을 덮고 있는 천공, 하늘의 사랑으로 시인은 확장되는 아우라를 시에서 표현하고 있고 현재 자신의 고통스러운 공허나 상실감, 슬픔과 고독도 그 안에 녹아들어 사랑으로 다시 충만하여진다는 깨달음에 이르게 된 것이다. 이 시집의 제목이자 주제 시인 「사랑이었음을 알았네」에서 시인의 깨달음이 명확하게 표현되고 있음을 알 수 있다.

이제야 알았다네
저 머나먼 은하로 건너가
반짝이는 하얀 별이 된 뒤에야
얼마나 당신을 사모하고 있었는지를

중략

저 아득한 별 무리 속으로 딛고 간 발자국이
스산히 부는 바람에 부서지고
어두워진 밤이슬에 흔적이 지워진 뒤에야
사랑이란 모양과 사랑으로 그려진 그림들을
비로소 조금 알 듯하였는지를

흐드러지게 꽃망울들을 피워내던 봄날에도
이글거리던 태양이 쪼아 대던 여름날에도
화려한 만찬을 펼치던 눈부신 가을날에도
차디찬 눈발이 흩날리던 긴긴 겨울밤에도
사랑이란 이름의 언어를 감히 알지 못했었는지를

이제야 겨우 알 듯하다네!
끝없이 황량하고 뜨거웠던 광야의 언덕에서
회한의 십자가를 무겁게 짊어지고 난 뒤에서야
대속의 운명으로 그대를 구원했어야 한다는 걸,

그리고 이제야 알게 됐다네!
보이지 않는 그리움이 외롭게 남겨진 영혼에게는
얼마나 가혹한지를 느끼고 난 후에야

평 설

비로소 그게 사랑이었음을!

– 「사랑이었음을 알았네」 부문

이 시는 철저한 성찰 후의 시인의 마음을 드러낸 시라고 생각한다. 고통의 광야와 회한의 십자가 경험을 한 후에야 "대속의 운명으로 그대를 구원했어야 한다는 걸"이라는 뒤늦은 후회를 한다. 임이 부재하고 나서야 시인에 대해 처절한 사랑을 했던 임의 사랑을 깨닫게 되었다는 부르짖음과 가슴속 회한을 쏟아내는 이 시는 다소 요설의 느낌은 있으나 그만큼 시인은 속풀이를 하는 심정으로 쏟아내어야만 비어 갈 수 있었을 거라는 생각이다. 이 모든 회자정리의 고해를 건너지 않으면 시인은 피안에 이르지도 복지에 이르지도 부처 자비의 큰 바다에 이르지 못한다.

그러나 시인은 망부와의 사별로 인해 오는 부재감과 상실의 슬픔 속에서 사랑을 깨달았고 그 사랑 속에서 자신이 다시 태어나는 새 존재가 되었음을, 그것은 망부의 사랑을 관통하는 부처의 자비와 하느님의 사랑 속에서 새롭게 태어난 자가 된 것이다. "사랑하는 이는 모두 하느님에게서 태어났으며 하느님을 압니다"(1요한 4.7) 이 말씀 안에 머무르는 것은 곧 시인의 몸을 씻어주었던 어머니의 사랑(아가페), 결혼 생활 중의 아내의 사랑(에로스), 이 두 사랑을 관통하는 절대자의 큰 사랑 안에 머무르는 것. 시인을 감싸서 사랑의 복지로 들어가 고뇌로부터 해방되고 모든 상처를 딛고 사랑의 큰 빛 속으로 나와 다시 걸어 나갈 수가 있게 한 큰 사랑은 고독 중에 시 쓰기에 있었다는 것, 시 쓰기를 통하여 지난 시간을 성찰하고 망자를 진혼하는 속에서 영혼의 정화를 이루어 번뇌가 멸하는 경지로 들어갔지 않을까 생각된다.

이종탁 시인의 많은 시편들에서 동심의 세계를 구현하였던 것도 임에 대한 정결한 마음이 에로스의 사랑을 넘어갔기에 가능한 것이 아니었을까. 그래서 천국은 바로 어린아이와 같은 마음을 지닌 사람들의 것이라 하였고 시인은 아마 사별의 고통 속에서 하늘의 별을 보았고 그 별은 망부요 망부를 그리워하는 시인의 동심, 동경이요, 천상의 것에 대한 영원한 그리움, 갈망으로 되어 신의 사랑에 안겨 간 것이라 하겠다. 그러므로 이종탁 시인의 첫시집 『사랑이었음을 알았네』는 시인 자신이 망부의 죽음을 통하여 어떻게 부재감을 개념화하고 사별의 고뇌로부터 자신을 해방시켰는지, 치유하여 갔는지, 새로 태어나게 했는지, 거기에는 어떤 동경의 세계가 그에게 그런 힘을 주게 되었는지 세밀하게 마음의 프로세스를 잘 표현하려고 했던 시인의 몸부림이 절절히 묻어나는 시집이었다. 끝으로 시인의 시집 출간을 감축드리며, 더욱더 정진하여 독자들로부터 사랑받는 시인이 되시기를 기원드린다.

샘문시선 1067

한국문학상 수상 기념 시집

사랑이었음을 알았네

이종탁 감성시집

여는 글 / 4
임의 부재를 극복하는 시적 아우라 ·············· 심종숙··· 8

제1부 : 너를 사랑한다면

너를 사랑한다면 / 28
춘화春花 / 30
세상 사람들은 말하지 / 32
속초 바다 연가 / 34
아내의 화석 / 36
나 어릴 적 손발 때 벗기기 / 38
어릴 적 등굣길 / 40
혹여, 당신일까? / 43
그대는 옹달샘 / 44
안녕, 나의 봄 / 46
그리움 또 그리움 / 48

제2부 : 자작나무 숲에 누워

망부가望婦歌 / 50
코스모스 / 53
Cafe' #553 - 1 / 54
Cafe' #553 - 2 / 55
그 섬으로 가던 길 / 56
기다림 / 58
님의 저승길 / 59
누군가가 그리워지면 / 60
자작나무 숲에 누워 / 61
처서處暑 / 62
이별과 만남 / 64
예쁜 꽃으로 오실 님 / 66
돌다리 / 67
싱그러운 초여름 아침 / 68
환생 / 70
4월에게 / 72
또 봄이 오면 / 74
마음속으로 오는 봄 / 76
소설小雪 / 77
정지된 시간 / 78

제3부 : 당신이 그리운 까닭은

영정 / 80
체념을 넘어 희망으로 / 82
이순의 자화상 / 85
인연과 인연의 끈 / 88
무슨 죄를 지었길래! / 90
그리움 따라 걷는 길 / 92
북한강에게 / 94
그 겨울과 여름 바닷가 / 96
그 가을이 왔음을 알았네 / 98
제주의 남쪽 바다 / 100
저 바다 끝에 다다르면 / 102
이별, 그 후 22개월 / 104
남은 자의 고독 / 106
이승의 봄이 오면 / 108
애타게 불러보는 이름 / 110
당신이 그리운 까닭은 / 112
우이암牛耳岩 / 113
봄은 실개천 따라 흐르고 / 114

제4부 : 사랑이었음을 알았네

홀로 걸으며 / 116
시월의 연가 / 119
섣달 보름달이 익어갈 즈음 / 120
사랑이었음을 알았네 / 122
어머니와 그리운 가을 소리 / 124
자화상自畵像 / 125
님의 묘지엔 가을바람 소슬이고 / 126
마음의 평정을 찾아서 / 128
클래식은 흐르고 / 130
이 산 저 산 오르면 / 132
구름을 건너는 달 / 133
춘녀春女 / 134
하늘아 하늘아 / 136
님 그리움 / 138
바다야 바다야 / 140
별 내리는 마을 / 142
사모思慕곡 / 144
홀로 듣는 낙엽 소리 / 145

제1부

너를 사랑한다면

너를 사랑한다면

옷깃을 여미는 서늘한 바람
그런 바람이 불어오는 날에
누군가가 나를 사랑한다면
내 가슴에도 고운 미소가 움트고
또 내가 누군가를 사랑한다면
그대 가슴도 설레이면 좋겠다

숲에 바람이 불어오면
살을 비비며 흔들리는 나무들처럼
나도 그렇게 비비며 흔들리고 싶다

그대가 눈길 한 번 주지 않더라도
그대를 바라보고 있는 내가
그 눈길 안에 머물러 순수해지고
그 눈길 안에 기쁨이 넘친다면
그것만으로도 참, 감사한 일일 테지

꽃은 꽃이라서 이쁜 게 아니라
꽃잎들이 모여 활짝 웃어야
그래야 비로소 더 예뻐지는 것처럼

내 가슴에 심어놓은 그대의 속삭임이
한 잎 두 잎 꽃잎으로 피어날 때
너도 나에게, 나도 너에게
어여쁜 사랑으로 피어날 거야

춘화 春花

그때 그 시간 이후 다 타버린
까만 가슴 위에 뿌려졌던 연분홍 꽃잎들은
그 고운 향기들을 미처 다 뿜어내지도 못한 채
옛 향수만을 못내 그리워하며
불이 타오르듯 피었다가

어느 날, 도둑처럼 찾아든
비바람의 슬픈 전설들이 얹어지고
또다시 무심한 허공 속에서 하염없이 휘날리다가
익숙했던 향기까지 모조리 무뎌지게 하더니
봄날, 시린 가슴만 부둥켜안고
왔던 길을 초연한 모습으로 떠나가네

간밤에 우리가 잠든 사이
마치 내일의 만남을 축복이라도 해주려 했던 듯
아침 햇살이 내린 대지 위로
가여운 꽃비는 하얗게 내려앉았고
쪼그라들었던 가녀린 심장은
작은 떨림으로 떠나가는 이 봄을 아쉬워하며
거친 길 위에 말없이 누워버린 꽃잎을 향해
손을 흔들며 아쉬운 이별을 하네

천둥과 번개가 뒤얽히며 추어댔던
지난밤의 한바탕 춤사위가
그렇게도 소란스럽고 현란했던 이유가
봄꽃들을 소슬한 비바람으로 실어 보내기 위해
서글픈 이별을 알리려고 하는
늦봄의 가난한 몸부림이었는가 보구나

왜 이리 눈물이 날까?
나만 이런 모습일까?
이미 이 봄에 깊이 기댔던 깊은 정을
다 떼어내었다고 생각했었는데,
그렇게 매정히 떠나가는 꽃들에
서러워 흘러내리는 눈물을
두 손으로 받쳐 들고 있다네

올 때도 그러했듯
떠날 때도 또 아무 말 없이 시체처럼 스러져가는
외로운 꽃비만 무수히 뿌려놓고선
또 머나먼 길을 떠나가고 있구나
그런 그대 이름은 춘화春花

세상 사람들은 말하지

하늘의 꿈을 잘 모르는
세상 사람들은 말하지,
이젠 그만 비우라고
떠나보내야 한다고
다 내려놓아야 한다고

그리고 또 세상 사람들은 말하곤 했지
그곳은 음지이니 양지로 나오라고
그래서 겉으론 이렇게 답하곤 했어

이미 동굴에서 나왔고
양지의 빛을 따라가고 있다고 속으로는
여전히 내게 속삭이고 있었어.
어찌 차마 쉬이 보낼 수 있겠어
옷소매 아직도 꼬옥 붙잡고 있는데, 라고!

그대들이 어찌 알겠어?
여전히 손을 놓지 못하고 있는 깊은 이유를
그럼에도 마음은 늘 이렇게 말하고 있었어
나도 행복한 일상을 사랑하고 있다고
그러나 떠나감은
또다시 올 것을 기약하는 것임을 믿기에

아마도 나는
먼바다의 향수를 내내 그리워하며
오늘도 애타게 그댈
기다리고 있는 것일는지도 몰라

속초 바다 연가

아득한 먼바다 수평선에서
하얗게 조각된 그리움의 물결들이
마치 당신의 음성을 바람으로 빚어낸 듯
애타게 노래하는 파도의 간절한 소곡

그리움은 자라의 목처럼
언제나 가슴 한 켠에서 쑥 튀어나왔다가
쏙 들어가기를 반복하면서
해변 발끝에 살며시 다가와서
속삭이듯 하는 말이
"보고 싶었어"
"사랑 했었어"

예쁜 입맞춤 뒤 슬며시 돌아섰다가
또다시 살포시 다가와서 하는 말이
해변의 발자국처럼 아픔도 말끔히 지워질 것이니
이젠 슬퍼 말라고

그러면서 사르르
발자국을 지워주고 모래를 쓸면서
전해주고 가는 말이

우리의 이별은 먼 훗날
또 만날 것임을 약속하는 것이라고

그리고 바다는 말했어
해변의 모래 위에 사랑의 두 글자를
예쁘게 써놓으면,
사랑을 파도에 실어 살며시 떠났다가
이쁜 사랑으로 다시 돌아오겠다고

아내의 화석

"여보, 회사 잘 다녀올게"
이른 아침 출근을 서두르며
액자 속 여인에게 말을 건넨다

"여보 안녕, 나 왔어, 잘 지냈지?"
사내는 무거운 현관문을 밀치며
썰렁한 집안을 지키고 있는
여인을 향해 퇴근 인사를 건넨다

사내는 외로운 출퇴근길 발걸음마다
오늘도 역시 액자 속 그녀에게
하트를 날리며 다정히 속살거린다

돌아오지 않는 그녀의 답변을
문드러진 공허한 가슴을 윤색하여
상상으로 각색하고 추억으로 채색하며
매일매일 4년 반을 한결같이
절절한 인사를 건네면서
현상계와 저승 사이에 현관문을 드나들고 있다

기쁠 때는 기쁜 미소로 보이고
슬플 때는 슬픈 노래로 들리고
힘들 때는 위로하는 몸짓이니
액자 속 여인의 표정은
단아한 현모양처다

내일은 또 어떤 표정으로
홀아비의 인사를 정답게 받아주고
홀아비는 그녀에게 어떤 인사를 건넬까!

나 어릴 적 손발 때 벗기기

차디찬 한겨울이
파르르 떨고 있던 문풍지 틈새에서
더욱 깊어 갈수록

손등은 얼다가 못해
검게 부르터 쩍쩍 갈라졌고

뒷발꿈치 사이에는
검은 때가 덕지덕지 두꺼비 등딱지처럼
거칠게 자라났다

저녁밥을 먹고 난 후,
군불을 땐 가마솥 물이 뜨겁게 데워지면
따스한 정지에는 하얀 김으로 뒤덮힌다

엄마는 세숫대야에 뜨거운 물을 가득 부어
손발을 한참 담가 불리라고 말씀하셨다

갑옷같이 붙어있던 새까맣게 굳은 때가
뜨거운 물에 불어서 밀가루같이 풀어지면

엄마는 돌멩이로 손발 등을 북~북 긁어
피가 날 듯 빨갛도록 야무지게 문지르셨다

때고 뭐고 아픈 발에 두 눈 꾸욱 감고
빨리 끝나기만을 기다렸던 일그러진 얼굴

마침내 말끔해진 손발 등의 느낌이란
요정의 피부처럼 보드랍고 윤이 났다

손발을 씻어주시던 그날마다
이불속 잠자리는 어찌 그리 편하고 깊었던지…

강변서 주워 온 매끈한 조약돌로
거친 손발 등을 야무지게 문질러주시던

그리운 어머니의 억세고 거친 옛 손길이
깊어 가는 이 겨울밤에 더욱 애달프다

어릴 적 등굣길

깊은 산골짝에 똬리를 틀고 있던
무시한 찬 냉기가
기나긴 계곡을 타고 성나게 달려와서
괴물같이 휘몰아쳐 달려들던 차디찬 겨울바람

바늘로 콕콕 찌르는 듯
검붉게 얼어버린 무감각한 얼굴 위를
따갑도록 후벼파고 또 도려냈다

새까만 검정 고무신 속으론
차가운 눈 조각들이 발걸음마다 들어찼고
미끌미끌 뒤뚱거릴 때마다
내리막 빙판길에 나자빠지기 일쑤였다

비탈길에 미끄러져 벗겨져 달아나 버린
까만 검정 고무신,
구멍이 숭숭 뚫려 축축해진 양말 위에
고무신을 다시 찾아 두 발에 걸쳐 신고
고단한 길을 또 재촉했던 십 리 등굣길

등 뒤에 비스듬히 묶어 맨 헝겊 책보 속에선
김치 반찬 양은 도시락이 온기를 전해줬고
새어나온 양념으로 김치 냄새는 야릇했다

살을 에는 듯한 계곡 바람 심한 추위에
언 입술 위로 하얀 콧물은 강물처럼 흘러댔고
얼고 부르터서 갈라 터진 때가 낀 양손을
주머니에 쑤셔 넣고 등굣길을 재촉했다

높은 산 깊은 계곡 비탈진 눈길 위의 종종걸음
차디찬 계곡풍에 십리 길은 천 리 길처럼 멀었다
그럼에도 평평한 길에 빙판이라도 만날지면
고무신 썰매 타고 깔깔대며 웃어댔다

산등성을 타고 오던 따스한 아침 해는
먼 산봉우리들에만 얄밉게 걸터앉아
얼어버린 손발들을 애타게 비벼대는데
냉기 어린 차디찬 계곡에는
따가운 칼바람만 세차게 몰아쳤다

장갑도 끼지 못한 새까만 손가락들이
얼어서 마비된 듯 펴지지도 않던 이른 아침
호~호 입김으로 녹여 걷기를 반복했던
종종걸음 돌부리 계곡의 험난한 옛 등굣길

중간쯤의 길목에서 산모퉁이를 돌아가면
산에 기댄 넓적 바위 앞 따스한 양지 녘에
너와 나 친구들이 바들바들 떨며 서서

빨개진 양 볼과 언 몸을 녹여갔던
'새랑 모퉁이' 선바위의 아른했던 옛 기억들

도시의 이른 아침
회사로 향하는 종종걸음의 출근길
스마트폰엔 영하 12도를 가리키고 있다

두터운 양모 외투에 따스한 신발 신고
포근한 장갑에 얼굴 덮은 마스크까지
철저히 온몸을 최신 장비로 무장했다

결코 그 겨울에 비교될 수 없는 지금의 겨울이
이렇게 호사스럽게 느껴지는 건,
어린 시절 기억들이 너무 아렸기 때문이리라

혹여, 당신일까?

길을 걷다가, 문득
누군가가 부르는 듯하여
혹여 당신일까!
흠칫 뒤를 훔쳐보니
그저 밤하늘 별들 사이사이를 오가며
별들에 부딪히는 무심한 바람 소리였을 뿐

혹시나 저 바람 속에
임이 부르는 소리도 섞였을까!
두 귀를 쫑긋 세워
눈을 감고 가만히 세어보니
들리는 건, 그리움에 속삭이며 부르는
별들의 옛사랑 노래였을 뿐

그대는 옹달샘

그대는 옹달샘.
하늘도 담기고
바람도 담기고
풀잎도 담기고
새소리도 담긴

그대는 마음샘.
내 모습도 담고
내 미소도 담고
내 마음도 담고
내 사랑도 담은

애끓는 영혼의 타는 목마름과
갈증을 풀어준 청아한 생명수

그랬던 그대는
포근한 사랑샘

그러나 그대는
언제나 샘솟는
한없는 그리움
간절한 보고픔

가슴에만 담고
바라만 봐야될
운명의 이별샘

그런 그대는
하늘에만 떠 있는
파란 옹달샘

안녕, 나의 봄

안녕, 나의 봄!

혼자서는 외로워 둘이어야만 했을 너의 모습
내 사랑이 기다리는 곳으로
내 사랑이 살고 있는 그곳으로
함박 꽃눈을 하얗게 흩뿌리며
아스라이 멀어져 가고 있어

녹슨 철길을 타고
미끄러지듯 살포시 내게로 다가왔다가
한줄기 고독한 바람만을 가슴에 남겨놓고는
또 휑하니 떠나가고 있어

혼자서는 애처로워 둘이어야만 했을
이 플랫폼에 외로이 서서
간절했던 당신의 봄을 애타게 기다려왔건만

지나간 봄, 찬 수건을 머리에 동여매고
당신의 봄에 돌아누웠던 이유는
그대가 미워서가 아니라
돌아와 꽃피울 당신의 진한 사랑이
또 떠날까 봐 두려웠기 때문이었어

하얀 꽃잎 엽서 위에
알알이 맺힌 당신의 사연들은
그리움에 절인 애타는 가락의 노래가 되어
꽃눈으로 뿌려지며 귓가에서 울려댔지

안녕, 나의 봄!

이젠 당신이 남기고 가실 고운 미소를
그냥 꽃송이 속에다 또 빼곡히 담아뒀다가
그 꽃잎들이 스러질 즈음,

그대의 진한 향기만을 살짝 꺼내어
내 가슴속에 곱게 담아 싹을 틔워놨다가
이듬해 다시 봄이 오면
또 사랑으로 피워낼 거야

안녕, 나의 봄!

그리움 또 그리움

그리움은
그리움은
따스한 가슴 밭의 온기 속
쓸쓸함과 외로움과
설레임과 고독함을
사랑이란 이름의 정원에서
예쁜 싹을 틔우게 하는
당신을 향한
애타는 마음이랍니다
그래서,
그리움은
당신을 향한
간절한 사랑의 외침입니다

제 2 부

자작나무 숲에 누워

망부가 望婦歌
- 이별 4주기

언제 이리 빨리도 지나쳐 왔던가?
아직 걸음마도 떼지 못한 듯, 한데

이제 겨우 흘러내리던 눈물 닦아내는 중이고
피워내야 할 사랑 노래를
미처 다 부르지도 못했는데

기다려도 오지 않을 님을 그리워하며
잡힐 듯 잡히지 않는 허공의 뭉게구름처럼
아스라한 기억 저편 그리움을 쫓아서
감각도 느낌도 없는
허무의 길을 무심히 걸어오고 있었거늘

처절히 버텨온 지난 4년여의 시간이
순간의 바람 같은 한여름 밤의 꿈처럼
그냥 휙 하니 지나버렸다

아픔은 오로지 사랑으로만 승화될 수 있는 것
그러나 그 도구는 쉬이 구할 수 없음에
그 모진 상처의 아픔은 심하게 긁혀버린 가슴에 아직도 온전히 박혀 있어
떨쳐 버리지도 못한 채 어찌할 바를 몰라 하며 마냥 허둥대고 있는데

4년의 시간은 님이 남겨준 '꿈속의 만남'
72편의 시편 속에 고이 잠든 채로
꿈을 꾸듯 시간을 타고 스쳐 지나버렸다

이제 또 무거운 봇짐을 짊어 메고
새로운 내가 다시 숨 쉴 수 있는 사랑의 길로
외로이 떠나가야만 한다

아직 다 느껴보지도 못했고
기쁘게 안아보지도 못했던
아련히 멀어져간 행복과 내 속의 사랑을 찾아
또 행랑 봇짐을 다시 짊어지고
머나먼 인생의 새길로 뚜벅뚜벅 걸어가야만 한다

이젠, 눈물로 적셔진 내 영혼의 젖은 우산을
조심스럽게 펼쳐서 뽀송하게 말려보자.

사랑이란 그저 작은 마음과 가난한 마음에서
어우러져 나오는 한줄기 여린 미소와도 같은 것
그 속에서 행복이 싹터 오를 수 있음을
그간 몸부림으로 터득하고 있었다

그러나 온전히 다 불러보지도 못하고
알알이 품어 놓은 이 서러운 사랑의 노래들을
어느 창가에 한스럽게 풀어놓고
못다 한 사랑의 이별가를 목 놓아 불러볼까!

이제는, 가슴에 그려놓은 숱한 그리움들을
추억의 창고에 차곡차곡 넣어뒀다가
또 그리울 때마다 조금씩 꺼내 쓰도록 하자

내 사랑이 새나가지 않도록
센 바람에 흩어지지 않도록
내 영혼의 바다에 순수의 돛단배를 띄워놓자

다시 띄운 그 배가 거친 파도를 타고 흘러가다가
어느 이름 없는 항구에 무심히 다다르면,
아마 그곳은 우리가 새 사랑을 꽃피우며 살아갈
새롭게 그려지는 마실이 될 것이니…

코스모스

당신의 미소는
흡사 코스모스를 닮았군요

화려하지도 않으면서
품위는 단아하고

요란치도 않으면서
향기는 소박하고

하늘하늘 가냘퍼도
센바람에 끄떡없고

연분홍빛 꽃잎 치마로
파란 하늘도 거뜬히 담아내고

가을 빛깔 고추잠자리들
놀이터도 되어주는

그런 코스모스가
나는 좋답니다

왜냐고요?
예쁜 당신을 닮았으니까요

Cafe' #553 - 1

아름다움엔 한계가 있을까?
한계가 있을까, 사랑에도 역시?

Cafe' #553에 앉아 서녘 하늘에 색칠을 해본
나의 석양 너머엔

아름다움도
사랑까지도
한계가 보이질 않았다

내일도
모레도
그 자리에 또 떠오를 것이기에!

대한大寒의 하얀 석양이
서산 너머에서 고요히 잠이 들 때

Cafe' #553 하늘에다
사랑의 등불을 밝혀두자

혼자서는 외로워 둘이어야만 할
이 밤이 식지 않도록

Cafe' #553 - 2

차디찬 대한의 매서운 바람에
태양마저 하얗게 질려버린 날

저무는 석양을 내 가슴벽에 칠하다가
나의 반쪽 모습만을 무심히 그려본다

또 다른 나의 반쪽은 어디에 있을까?
이미 석양은 또 저물고 있는데

살며시 눈을 감고 잠들다 깨어나면
나의 새로운 반쪽도 슬며시 채워질까?

대한大寒의 차가운 밤이 어둠 속에 잠겨지면
Cafe' #553 난간에다 사랑의 등불을 밝혀두자

그리운 님이 찾아오실 수 있도록!
혼자서는 외로워 둘이어야만 할
이 밤이 잠들지 못하도록!

그 섬으로 가던 길

나는 떠나가네
파란 하늘이 바다와 맞닿아
입맞춤하고 있는 끄트머리에
구름도 흐르다 지쳐 그 바다와 만나서
쉬고 있는 그곳으로

나는 가야 하네
옷깃이 세찬 바닷바람에 이끌려 휘날리는
그곳으로

졸고 있던 뱃고동이 긴 하품을 뿜어내고
놀란 배꼬리가 하얀 물길을 세차게 뻗어 찰 때

졸라대는 하얀 갈매기들 모두 데리고서
신도 섬 그곳으로 떠나가야 하네

밀물에 가득 실려 왔던 그대 향한 그리움을
썰물에 가득 싣고 떠나보는 그 섬에는
어떤 편지의 기다림이 반겨주고 있을까?

갈매기들은 내 속을 얼마나 알아줄까?
아픔을 견디는 게 또 얼마나 아픈 건지

나는 왜 그렇게도
나를 윽박지르며 못살게 굴었던가
나를 사랑함이 곧 님을 사랑하는 것임을
깨닫지 못하고서

갈매기들이 따라오며 답을 주려 애를 쓴다
까륵까륵 꾸룩꾸룩
뱃마루가 물길 따라 잔잔히 흘러가듯
거친 삶도 세월에 태워 흘러가라 한다

신도 섬은 어디쯤 있는 걸까?
"까르륵"
"이 영혼아! 그냥 뱃길 따라 묵묵히 흘러가면 돼!"
수수께끼 같은 갈매기의 답변을 해독한다

신도 섬엔 무엇이 있을까?
거기엔 누가 기다리고 있을까?
새우깡을 유혹하며 갈매기에 또 물어본다.
"까르륵"

그곳엔 까르륵이가 살고 있는가 보다
신도 섬의 꿈,
놓아줌은 영원한 이별이 아니라
새로운 만남이자 시작일 뿐이라고

기다림

마음을 열 수가 없었어
내 안의 그대를 잃어버릴까 봐

마음을 닫을 수도 없었어
내 밖의 그대도 다시 볼 수 없을까 봐

숱한 번뇌의 조각들을
가슴속 울타리에 꾹 가둬놓았던 이유는

그대를 향한 그리움이
자꾸만 멀어질까 봐 두려웠기 때문이었어

그래서 오지 않을 당신을 기다리며
흙먼지 이는 신작로 길 아득한 끝자락을 응시하며
혹여 그대가 아니실까

애타는 눈빛으로 가슴을 졸여가며
하얀 언덕 위에 홀로 서서
하염없이 그댈 기다리고 있었던 거였어

그러나 쓸쓸한 그 언덕 위엔
무심히 스쳐 가는 바람만이 여전할 뿐
이정표 등진 붉은 석양은 이미 먼 은하로 떠나간
님의 흔적까지도 삼켜 버린 채
오늘도 말없이 또 저물어가고 있어

님의 저승길

저승으로 가는 길도 이같이 험란할까
겨우 지척인데도 험하디험한 만남의 길,
떠난 님이 먼 길을 총총히 걸어가고 계시면
먼 훗날 서둘러 뛰어가면 만날 수도 있을 텐데
시린 손을 꼬옥 잡고 입맞춤을 해줘야지요

저승길도 정처 없이 이처럼 막혔을까?
눈물 같은 빗줄기가 주룩주룩 내리니
그 옛날 우산 속의 그대 미소 떠오르고
찾아가는 발걸음 마디마디 그리움만 가득한데
그대 홀로 여행길은 또 얼마나 외로우시나요?

듣자 하니,
그대 타신 그 열차가 바람보다 빠르다니
아득한 먼 훗날엔 어찌 우리 만나실 건가요?
지금은 어느 별에 외로이 닿았다가
또 어느 은하의 무리를 지나가고 있는 건지요?
그리운 그댈 그리면서 회색 하늘을 바라보니
무심한 빗방울만 눈물처럼 내립니다

누군가가 그리워지면

누군가가 그리워지면
그리운 누군가를 기다리고 싶다
기다려도 오지 않을 사랑이라는 이름의 그대를

쓸쓸함을 느낌은
아마도 그대가 그리운 까닭일 게다

공허하게 텅 빈 서러운 가슴속에
외로움의 촛불을 애타게 태워대며
그리운 이를 위한 기다림의 등을 밝혀두자

어느 초가을 밤
풀 잎새를 두드리는 빗소리들 현란한 연주에
합창하는 가을벌레들의 오케스트라 화음도
그리운 그대를 기다리는 간절한 노래일 게다

누군가가 그리워지면
석양이 뿜어내는 연분홍빛 사랑의 향기와도 같은
오지 않을 그대를 기다리고 싶다

그리고 또,
누군가가 그리워지면

자작나무 숲에 누워

하늘길 떠나가신 별님들의 추억들을
그리움의 보따리에 소중히 담아 넣어
별 그대들과 찾아가 본 자작나무 하얀 숲

벗님들과 숲에 누워 먼 하늘을 바라보니
별님들이 부르는 듯, 먼 바람 소리
잎새마다 요란하다

일렁이는 나무들 끝에 하늘도 함께 춤을 추고
바람 소리 새소리도 나뭇잎에 매달리어
하얀 나무 붓끝으로 쪽빛 하늘 그려낸다

이 바람에 흔들흔들
저 바람에 흔들흔들
3년 전 먼 길 가신 님, 모습도 그랬구나

사르르르 눈을 감고 바람 소리 들어보니
나뭇잎들 떨리는 소리 우리 님, 노래로다

짝을 찾아 불러대는 풀벌레들 아우성에
멍하니 하늘 보며 찾을 이, 없음을 한탄하네

처서 處暑

더위가 물러간다는 처서處暑
그래서일까?
오늘따라 거실 창밖 풀벌레들의 목소리가
더욱더 굵직하게 창문이 비좁게 밀려든다

아마도 가을이 왔다는 자신감일게다
늦여름 큰비에 세차게 흐르는
별내천 누런 물살이 죄 없는 야리한
작은 산책로 다리까지 집어삼킬 태세네

그해 그 뜨거웠던 여름날,
어거지로 받아 든 이별의 상처에
갈 길을 잃은 혼미한 영혼이 흉하게 일그러졌어도

또다시 찾아든 이 여름의 뙤약볕에
새까맣게 그을린 공허한 기다림은
어쩌면, 어쩌면
9월로 걸어가는 간절한 그리움일 거네

별내 Cafe' 마을의 초저녁 길거리들에도
하늘에서 반짝이기 시작한 별,
그대 빛들 마냥 하나둘씩

정겨운 조명이 켜지기 시작하고
그 조명 사이사이로 추억을 품은 가을이
손님처럼 찾아들고 있네

간밤의 꿈속에서
누군가 부르는 듯 간절한 외침이 있어
혹여 님일까 벌떡 일어나 창밖을 내다보니
억수같이 쏟아지는 빗소리만 사납네

그리움이 가을 속으로 살며시 스며드는
초저녁 언저리에
외로운 발걸음만 9월의 창 너머로 홀로 내닫네

이별과 만남
- 이별 36개월

대우주의 탄생 후
온 만물의 생성과 우리의 만남이 있었듯

우리의 안타까운 이별 뒤
먼 훗날 언젠가는 또 다른 반가운 만남이
꿈을 꾸듯 다시 오겠지요?

이제는 당신을 마음에서 놓아주고
멀리멀리 저 머나먼 우주로 잘 가실 수 있도록
두 손 모아 간절한 기도를 드려야 할 때 같습니다

울며불며 어거지로 3년이나 붙잡아 두었던
그대의 그리운 그림자,
이제는 그 그림자가 내 곁에
영원히 머물 수 없음을 알았고,
마음속에만 예쁜 꽃밭을 만들어
소중히 가꾸어 가야 함을 알았습니다

그 하염없던 그리움이
당신이 뿌려놓은 그 잔잔한 미소 위에
아름다운 꽃으로 하얗게 피어났듯
이 지아비의 할퀸 가슴 위에도

언젠가는 인고의 꽃망울들이 조금씩 조금씩
새잎을 틔우게 될 겁니다

우리의 소중했던 만남은
새로운 이별 여행의 시발점이 되었고
그 이별의 끝은 또 다른 만남을 약속하는
새로운 희망의 여정이 될 겁니다

예쁜 꽃으로 오실 님

어제의 오늘이 지나면 오늘의 오늘이 와있고
내일도 오늘로 또 오게 될거야

어제도 내일도 오로지 오늘을 숙주 삼아
그저 스쳐 가는 바람일 뿐이지

서러움에 지쳐 바닥에 누워 지낸 날들이
홀씨 날리듯 멀리멀리 멀어져 가면,
그 홀씨가 바람을 타고 이곳저곳 떠돌다가
어느 양지에 새싹을 틔워 예쁜 꽃으로 오듯
그날은 또 오늘을 기억하는 멋진 향기로
예쁘게 피어날 거야

먼 길을 떠나가 버린 어제의 기억들이
내일의 설움으로 다시 올지라도
지난봄 화려했던 당신의 모습이
진한 향기로 또 피어오를 것이기에
아름다운 내일을 두 손 모아 기다리며
또 오늘을 사랑할 테야

돌다리

하나 다음에 또 하나
둘 다음에도 또 하나
혼자서는 결코 건너갈 수 없는 길

하나 다음에 또 하나가 놓여져야
비로소 마음놓고 건너갈 수 있는 길

내 돌다리 하나는 어디로 갔을까?
건너려, 건너려 또 건너려 해도
가슴에서 빠져버린 돌다리 하나에
지척인 행복의 땅으로 건너갈 수가 없다

아, 그대가 빼내 버린 가슴속 돌다리 하나
그 텅 빈 돌다리 사이로
그리움의 물줄기는 쉼 없이 흘러가고

물살의 아우성이 뱉어낸 하얀 물거품들만이
애타는 가슴에서 맴돌고 있다

그대가 빼내 버린
가슴속 돌다리 하나

싱그러운 초여름 아침

지나간 밤
천둥과 번개에 깜짝 놀란 먹구름이
세찬 비바람으로 커튼 열어젖힌 창가를
사정없이 후려쳐댔어,

그리고 언제 그랬냐는 듯, 화창한 아침
온갖 새소리 개구리 소리 바람 소리 물소리
풀 잎새들이 기지개 켜는 숨소리에
숲속 아침이 시끌벅적 온통 축제의 잔치야

연둣빛 녹음 한껏 짙어지는 이 숲길을
홀로 미소를 머금으며 걷고 있어,
내 가난한 마음속에도 숲의 숨소리들이
조금씩 담김을 느끼면서

그때 그 그리운 날에
당신도 걸으며 사랑했던 그 벤치에
나도 살며시 다가가 앉아 봤어.
그때의 당신을 느끼면서

그 벤치에 앉아 숲속에서 들려오는
새들의 이야기 소리를 듣고 있어
아마 내게 보내주는 당신의 반가운 소식일 거야
어서 새들의 언어를 더 배워야겠어

큰 나뭇가지 잎새들 위에
아직도 위태하게 얹혀 있는 물방울 구슬들이
바람결에 동구르르 떨어지고 있어

내 이마에도 동글동글 땀방울이 맺혀지는 시간
집으로 가야 될 시간인가 봐
더 더워지기 전에

환생
- 금계국

샛길을 걷다가 문득 마주친 해맑은 미소들
바람에 살랑이는 소박한 사랑의 속삭임,
당신의 분위기에 온화함까지 닮았군요?

"여보!"
"여보!"

당신을 애타게 불러보지만
이미 다 말라버린 타는 가슴속에선
쇳소리 같은 목소리만 목메어 나올 뿐,
눈물까지 말라버린 그 빈 공간엔
노오란 꽃잎 추억들만 가득 채워지는구려

그 해, 그 뜨거웠던 한여름,
그리움에 피멍 든 가슴은 하얗게 얼어버렸고
온갖 세파에 풍화되고 말라 박제가 되더니

가슴에서 튕겨져나온 무한의 설움과 그리움이
조금씩 삐쳐 나와
길가에 흐드러진 금계화로 환생하였군요

온화하고
화사하며
인자하고
부드러운

곱디고운 어여쁜 자태가
분명 꽃으로 환생한 당신이지요?

4월에게

이제는 오지 말라고
다시는 오지 말라고

지나간 해
그렇게도 애원했건만

창공의 바람을 타고
검푸른 바다를 건너
기어이 또 민낯으로 찾아와서는

헐벗은 가슴 밭이랑 사이사이
님 그리움 씨앗만을 빼곡히 뿌려놓고

꽃잎이 피고 질 즈음
애달픈 향기만을 짙게 남겨둔 채
야속하게 떠나가는 너의 뒷모습

지난해,
한밤 가득 외쳐주던 개구리들 노랫소리
올해도 찾아와 외로움을 나누건만

부탁하건대
내년에도 기어이 오려거든
멀리 떠난 님 소식도 가득 안고 오시기를!

그믐날 밤 달도 벌써 기울어지는데
몇 해 전 떠나신 님은
언제 다시 기별을 주실려나…

또 봄이 오면

그 겨울의 찬바람을 타고
화려하게 차려입은 서러운 나의 봄이
할퀸 상처를 동여맨 붕대 감은 영혼에게
또다시 스멀스멀 힘겹게 찾아왔어

내 시린 가슴속에
여태껏 꽃이 피고 있지 않음은
아마도 예쁘게 다듬어진 당신의 봄이
아직 오지 않은 까닭일 거야

그 해, 그 현란했던 봄날에
사람들의 미소 위엔 한가득 꽃눈이 내렸지만
눈물 고인 내 눈망울엔 하얀 그리움만 고였지,

또다시 비바람에 쏟아져 내릴 꽃눈이
손에 잡히지 않을 하얀 그리움일 거라면
차라리 봄을 피우지나 말든지

다시 못 올 무거운 발걸음이라면
내 시린 가슴속에
당신의 발자국이나 남기지나 말든지
혼자서 이 봄을 맞이하기엔
쏟아지는 꽃잎의 무게를 견뎌내기 힘들기에

봄바람에 뜯긴 가슴의 조각들이
다시는 헤지지 않도록
꽃잎들을 덧대어 단단히 꿰매어 입고
또 화려하게 다가올 당신의 봄을
간절히 기다릴 거야

그러면, 그 아득한 옛날에
레테의 강 저편 낙원에서
아름다운 베아트리체를 그가 다시 만났듯

먼 훗날의 나도
봄꽃으로 다시 찾아올 그리운 그대를
반갑게 맞이할 수 있을 테니

마음속으로 오는 봄

날 세운 꽃샘바람이
심술들만 심어놓고 휘잉 떠나간 자리

그 하얀 양지 녘에
파릇파릇 솟아오르는 아기 새싹들의 속삭임

새봄이 움터오는 희망둥이들이다

그대가 비우고 떠나간 마음속 겨울에도
아물지 않은 그 얼어붙은 상처 위에

파릇파릇
봄꽃 피울 새싹들이 사릇이 돋아나면 좋으련만

새봄이 오는 소릴 들을 수 있게

소설小雪

첫눈이 오실려는지
꾸무리한 초겨울 소설小雪의 하늘빛에
작은 가슴이 크게 설렘은

아마도
아마도
바람 타고 내려오실 그대 향한
애타는 기다림 때문인가 보다

님이 오시려나!
선바람은 불어오고
이미 어둠은 내려앉았는데

언제쯤
하늘 하얗게
입맞춤하러 오실려는지…

정지된 시간

그날 이후
대우주의 시간이란 시간은 모두 멈춰버렸다
앞으로 나아갈 수도
뒤로 물러설 수도 없는 정지된
형극의 시간들이

수많은 꽃이 피고 지고
여러 번의 봄들도 오가고
사계절이 몇 번이나 왔다 갔어도
이 마음 저 마음은 언제나 도돌이표가 되었다

그대가 떠난 빈자리
우주의 암흑 공간보다 더 넓고도 깊은데
무엇으로 이 한가득 대신 채울 수 있을까

몸부림쳐봐도 늘 제자리인 시간과
더 이상 나아갈 수 없는 정지된 시간,
세월만이 강물처럼 흘러가니
그 위에 몸을 던졌다

제 3 부

당신이 그리운 까닭은

영정

집을 나서며 "여보, 일찍 올게", 라며
대답 없는 인사를 오늘도 반복하지만
여보는 그냥 싱긋 웃는다

그제도 어제도 오늘도
그리고 내일도 앞으로도
영원히 그리리라는 것을 알면서도
현관문만 나서면 그녀 미소가 따라나선다

종종걸음으로 가방을 메고 새벽 출근길을 나선다
아직 어둠이 눌러앉아 별들마저 졸고 있는
하늘에 방긋한 미소가 별 사이를 수놓는다

현관을 들어서며 어둠이 차지했던 거실에 등불을
걸고 여보야를 찾는다
"여보, 나왔어!"
역시 싱긋한 미소만 짓는다

심쿵 한 쓰디쓴 가슴 한 켠에
오늘 새로 조각한 작은 그리움을
가슴 한 켠에 또 묻어두고
그렇게 하루가 지나면 그리움의 조각들이
자꾸만 더 두꺼워진다

오늘도
내일도
또 반겨주는 여보야는 소중한 나의 로망

굳이 하늘의 별을 보지 않더라도
방긋한 미소는 우주보다도 더 넓고 크기에
여보야가 더 아름다워집니다

체념을 넘어 희망으로

십자가에 걸쳐놓은 팔다리에 대못을 박고
넋 잃은 머리에는 가시관을 씌어놓은
모질고 무거운 짐에 희망까지 앗아가고
체념과 좌절만을 남기고 간 무심한 님이시여!

결국 오지 못할 루비콘강을 건너게 하는가?
그 단절의 강을 건너지 않으려 발버둥 치며
십자가의 대못에 가시면류관까지 썼건만
우리가 남겼던 가치들은 조각으로 부서지니

어디로 가야 할까?
어디가 출구일까?
무심코 한 줌의 모래를 쥐었다가
손가락 사이 빠져가는 허상들에 좌절하고

이순 여정의 길목에서
아홉 문의 지옥문을 이미 경험하였거늘
또 얼마나 그 앞을 서성이며
다 타버린 가슴팍을 다시 들이밀어야 될까!

기다림의 희망도
이상을 향한 꿈도
기대에 대한 바램도
소중히 간직하고자 했던 행복의 가치들도
흐르는 검은 레테의 강물 위로 떠밀려간다
이제 내려놓아야 되는가 보다
이제 떠나보내야 되는가 보다
믿었던 절대적 가치마저도
이미 폐허가 되어버린 가난한 가슴 밖으로
던져버려야 되는가 보다.

사랑과 믿음과 애정과 애착과
사소한 기대까지도
다 털어내어야 다시 채워질 수 있는 숙명

이제야 가야 할 길들이 어렴풋이 보인다
깊은 우주 속에서 초신성이 불꽃을 튀우는 소리가
조금 조금씩 들리기 시작한다

자신을 산화하여 부풀어 터지게 한 다음에야
비로소 새로운 가치를 창조할 수 있음을

이제 다 비워야 되는가 보다
원래 절대적인 가치는 존재하지 않았고
단지 믿고 싶었을 뿐

작은 기억은 시간과 비례하여 빅뱅처럼 부풀어
오히려 전체인 양 믿고 싶은 심리를 지배하며
악마의 모습으로 춤추고 있다

기막힌 상실의 시절이다
신이 원망스럽고 짐을 남긴 님이 한스럽다

이성이 마비된 상실의 시절에
기어이 저 루비콘강을 건너고
레테의 강마저 건너갈 것인가!

이순의 자화상
- 耳順 自畫像

내가 가꾸어온 나의 모습과 얼굴은
어디에 숨어 있을까?
어찌 된 일인지
나는 나를 볼 수 없고 보이지도 않는다

이순耳順에까지 다다르기 위한 여정의
창을 넘고 넘어
겨우겨우 헐떡이며 힘들게 언덕 위로 올라섰건만
정작 내 모습의 얼굴이 어디에 있는지
찾을 길이 없다

세월의 창틀에 끼여 아주 작게 쪼그라들었는지
안갯속에 가려져서 있는데도 보이지 않는 건지
울고 있는 슬픈 영혼의 간절한 절규들만 들릴 뿐
내 모습이 어디에 있는지 도무지 보이질 않는다

희망의 연가를 부르며 들소처럼 치달을 때도
세찬 비바람에도 끄떡 없이 그 속을 질주할 때도
뒤범벅이 된 흐르던 땀을 훔치는 얼굴은
늘 있었건만,

어느 날 문득 뛰어가던 길에 발걸음을 멈추고
돌아온 발자국들을 무심히 돌아보니

밟아온 발자국은 온데간데없이 하얗게 지워지고
걸어온 발길을 되돌이킬 수도 없는
홀로 지나온 그 길을 그리움으로 포장하고
또 걸어가는
업보의 시간을 운명이라 받아들이는 여정들에

지극히도 애써 가꾸었던 그 소중했던 흔적은
갈기갈기 찢기고 갈라져
황량한 바닥 위에 나뒹굴며
나의 흔적들을 하얗게 지워내고 있다

도저히 넘을 수 없는 철벽을 치고서
분노와 증오의 칼날들을 시시각각 들이미는
사랑으로 창조했던 세포의 두 줄기는
끊임없이 생명을 위협하며 가치마저 부정하고 있다

뒤틀어지고 왜곡된 이방인의 춤사위에
속절없이 놀아났던 사랑은 넋을 잃었고
내가 가꾸어온 분신의 마음들까지도
어떻게 감히 훔쳐낼 수 있었을까!

하얀 안개비는 곧 걷힐 것인가!
외로운 가로등 불빛에 하얗게 뿌려대는 안개비가
이순耳順의 슬픈 영혼 위에도 뿌옇게 뿌려진다

기다리리, 기다리리
또 그 어떤 눈부신 날에
하얀 날개 휘날리며 날아올 그 영원을 고대하며
다시 찬란하게 뿌리는 햇살을 볼 수 있을 때까지

인연과 인연의 끈

인연의 끈이 엮이기 전 만 26년
운명적 만남이 엮인 후 만 26년
결코, 길지 않은 시간을 눈처럼 살다 가신 그대

갑돌과 갑순이로 만나 사랑을 나누며 살아온
무수한 세월의 창밖에 하얀 겨울의 찬바람이
그리움에 찌든 영혼을 이리도 아프게 에이는 밤

28번째 시간은 또 왔건만
추억은 눈 속에 묻히고 바람만이 세차게 불던 날
안주인 없는 집에 배달된 꽃바구니 속에
한가득 담긴 그리움과 서러운 엽서 한 장만이
속삭여 준 한마디,
"사랑해요"

그냥 어디론가 훌쩍 떠돌다 오기로 작정하고 나선 길
바람과 파도와 물결과 새들과 하늘과 불빛과
하얀 햇살,
그리고 사람과 사람들
그리고 비로소 멋진 벗들을 만났다

그들을 벗 삼아 친구 삼아
마음이 떠나는 대로
벗들이 인도하는 대로 떠돌아본
월미도와 영종도의 바닷가

겨울 낙조의 햇살이 아득히 빛나는
아늑한 언덕 위의 예쁜 찻집,
진한 아메리카노 고독한 향기와
그 잔 안에서 흔들리는 낙조의 마법

엽서로 말을 걸고
촛불 밝혀 님 그리며
두 손 모아 기도하는 한겨울의 깊은 밤,
그 무엇으로도 채워질 수 없는 한없는 그리움
또 어떻게 그 무수한 날들을 버티며 살아갈까!

무슨 죄를 지었길래!

"내가 무슨 죄를 지었길래!"
"내가 어떤 죄를 지었길래!"
절규하며 무너지던 당신의 울부짖음

무려 서른 번에 가까웠던 진압군의 항암제가
무력한 패퇴를 거듭했던 그날에도
반란군의 무자비한 세포 공격은 멈출 줄을 몰랐다

어떻게든 살아내고자
어떻게든 버텨내고자
시들어가던 꽃봉오릴 가녀리게 감싸안고
찬바람에 대항했던 꽃잎들의 몸부림처럼
하루에도 수없이 흔들리며 힘들어했던 아우성

'내가 살면 생존율 100%'라며 쌓아가던
희망의 성곽들이
조금씩 조금씩 속절없이 허물어지던 그날
그날에도
차츰차츰 다가오던 이별 신호에 질린 가슴은
늘 공포가 되었다

별이 되던 그 순간까지도
'안녕'이란 말도 없이 떠나가신 그 의미는
영원한 떠남이 아니라
아마도 다시 오시겠단 간절한 뜻이었겠지요?

그 뜨거웠던 당신의 여름이 속절없이 지나가고
산하에 오색 그림을 이쁘게 새겨 넣었던
서러운 가을도 또 지나가고 있습니다.
이 가슴속엔 이리도 아픈 그림을 그려놓고서

붉게 익어 떨어지는 가을 잎사귀가 어찌 늦가을의
바람 탓이겠습니까?
까만 밤이 밀려온 탓이겠지요!

텅 비워진 나뭇가지 사이사이로
그냥 무심한 바람만 의미 없이 지나갈 뿐입니다
당신도 그렇게 지나가신 것처럼 말입니다

그리고 새바람 타고 다시 봄이 돌아오면
마른 나뭇가지 위에는 새싹들이 돋아나고
당신을 닮은 예쁜 잎들이 또 피어오를 겁니다.
그때까지 당신을 또 기다리렵니다

그리움 따라 걷는 길

님을 찾아 떠나는 길
그 길은 그리움이 그리움으로 엮어져
가슴속으로만 이어져간 영원의 길

걷고 걷고 또 걸어도
결코 도달할 수 없었던 머나먼 그곳엔
희미하게 그려놓은 소망들이 나뒹굴고

끝을 볼 수 없는 무한의 영상 위에
고독이란 조각들도 자갈처럼 흩어진 그 길은
마음속 또 다른 마음으로 끝없이 이어져
걸어간 걸음만큼 또 더 멀어지며
영원히 도달할 수 없어서
결국에는 주저앉아 통곡의 길이 되어버렸다

그날 다음의 또 그날에도
차츰차츰 엄습해 다가오던 이별의 신호들에
두려움으로 몸서리치며 그만 눈을 감아버렸고
굳어버린 가슴 구석구석엔
하얀 찬 서리까지 차갑게 내려앉아서
간절한 기도 소리조차 얼어붙어
온전히 낼 수 없었던
서러웠던 이별의 남겨진 조각들

그 조각들을 다시 가슴에 주섬주섬 주워 담아
마음속으로 이어진 거친 신작로를 따라서
님을 찾아 정처 없이 또 떠나보는 길
그 길은
그리움의 이정표를 따라 걸어가는 길

북한강에게

너는 기억할까?
그 쾌청했던 가을날, 흐르는 물살의 호흡을 따라
레일바이크를 밟으며 옛 철길과 터널들을
깔깔대며 지나갔던 7년 전,
그 행복했던 환호와 찬란했던 그날을

너는 알고 있을까?
그 아른한 추억 속 기억들이 이슬 맺힌 눈가에
살며시 머물다가 양 볼을 촉촉이 적셔오던
간절한 기도와 소망의 언어들을.

너는 듣고 있을까?
가슴에서 터져 나온 그리움의 검붉은 피멍이
요동치는 네 물길에 실리어 몸부림으로 뒤엉켜
흘러가는 절규의 신음들을

너는 이해할까?
시를 쓰려왔다가 하늘과 구름과 바람과
무심한 강물에 취해 그 속에 펜을 빠뜨리고
영혼까지 가두리 되어
물 위로 띄워버린 어느 순수한 나그네의 사랑에
지친 서러운 사연들을

하늘도
산들도
도도한 네 강물도
모두 예 그대로건만

어찌하여
귓가를 스치는 무심한 강바람은
님 그리운 간절한 소식들을 전해주지 않는 걸까

그 겨울과 여름 바닷가

그 겨울
하얀 파도들이 겹겹이 반겨주던
고성의 정답던 외로운 바닷소리

그 밤하늘에
반짝이는 별들마저 파도처럼 일렁이면
은하수도 고성 하늘의 밤바다가 되었던

그날 밤
우리들 모습이 투영된 호텔 유리창 너머엔
하늘과 바다가 만나서 하나가 되어 잠들었다

그리고 님이 가져간 그리운 별밤의 추억들은
그 후로도
두 해의 세월을 엮고 또 엮어났고

나의 시간도
그 밧줄 사이사이로 꽁꽁 엮이어
익고 또 익어가며 버티어낸
안타까운 몸부림의 거친 마디들이 되었다

정처 없이 팽창하는 우주의 시간 위에
한없는 그리움도 쌓이고 덧쌓여
그리고 또 엮어져 가고

그 별들 사이사이 굽이굽이 헤엄치며
무한의 허공에서 님을 찾아 헤매던
아스라이 애타는 조각으로 빚어진
나의 헐벗은 초상

마침내
그 별들의 계곡에서 당신을 찾게 되면
나의 님도 나를 알고 반가이 맞아줄까!

그 겨울
세차게 반겨주던 외로운 파도 소리
간절한 님의 기도처럼 귓가에 은은한데

한낮의 찌는 더위에
조각난 하얀 추억들을 눈물로 끌어안고
하조대를 찾아 오른 외로운 나그네에게
하늘도 바다도 아무 말이 없네

그 가을이 왔음을 알았네

서늘한 바람이 옷깃을 스친 뒤에야
비로소 가을이 왔음을 알았네

풀 잎새에 요란한 풀벌레들 소리
초저녁을 황홀한 음색으로 화려히 수놓고
능금들도 빨갛게 익어갈 즈음
저녁놀도 불그레 익어갈 즈음
하늘하늘 코스모스 방긋방긋 흔들리면
가슴속에 담아놓은 그리움도 사무치니
비로소
그 가을이 또 왔음을 알았네

늦여름의 고갯마루 힘에 겨운 매미들 소리
가는 여름을 합창으로 못내 아쉬워하고
바람 따라 흔들리는 숲속의 나무들이
이리저리 이파리를 반짝거려 줄 때에
비로소
그 가을이 살며시 왔음을 깨달았네

재작년에 먼 길 떠난
그리운 내 각시는
지금 어느 별의 깊은 계곡과
어느 가을 길 위에서

홀로이
홀로이
걸어가고 있을까!

제주의 남쪽 바다

님이 남겨주신 고운 향기가
파도 되어 끝없이 출렁대는
제주의 서러운 남쪽 바다에

두고 와야지
놓고 와야지
떠남이 애타는 모진 그리움들을

떠나보내야지
떠나보내야지
별들이 기다리는 파도 너머
저 먼바다 끝자락으로

그러면 응어리진 애달픔도
감추고 싶었던 부끄러움도
부서지는 파도 되어
조각조각 하얗게 흩어질 거야

그러나 파도는 쉼 없이 밀려만 올 뿐
도무지 떠나갈 줄을 모르니

아, 전할 수 없는 이 그리움을
어디에 가득 담아
님 계신 그곳으로 띄워 보내야 할까!

표선의 해비치 해변가에 외로이 선 나그네가
저물어가는 저녁놀을 서운타 못내 나무라며
못다 한 슬픈 사랑 노래를 한탄하며 불러보네

저 바다 끝에 다다르면

저 하늘과 맞닿은 바다 끝에 다다르면
님 그리운 반가운 소식도
날 기다리고 있을까?

아마도, 아마도
파도 너머 울려오는 먼바다 뱃고동은
하늘 끝에서 보내오는
희망의 편지 소릴 게다

아무렴, 아무렴
하얗게 피어 밀려드는 파도 소리가
숨 가쁘게 달려와
님 보낸 반가운 소식들을 들려주는 듯하니
하얀 거품으로 부서지는 보따리가 풀어지면
님의 기별도 분명 담겨 있을 거야

그러나, 그러나
기다리는 저 배는 애원해도 오지 않고
어디로 누굴 찾아 떠나가고 있는 걸까

밀려오는 파도 위에 또 하얀 파도가 쌓여지고
그 파도 아래 또 다른 파도가 흘러가면
가슴속에 켜켜이 쌓이는 무수한 그리움도
그리움 아래 또 더한 그리움으로 흘러가겠지!

하염없이 밀려드는 저 무심한 파도는
애타게 기다리는 님 그리운 편지들을
어느 세월에 진정 전해주려고 하는가?

이별, 그 후 22개월

잎새에 맺힌 이슬 같은 눈물을 맺고 가신
가여운 나의 님아,
혹여 그대 다시 오실 기별을 주실 때면
그 아픔까지 가져간다 약속하고 오시구려

스물두 달, 숱한 밤을 설움으로 쏟아냈던 눈물이
깊은 밤 기도 속에 촛불 따라 타오를 때
님 향한 그리움도 세월 타고 타올랐소

그대 가시는 외로운 길에 꽃 한 송이 드리오니
가시다 가시다가 또 지쳐 힘드시면
어젯밤 꿈속 길로 다시 한번 찾아와서
지아비가 잠든 사이 쉬었다가 가시구려

안녕이란 말도 없이 떠나가신 그 이유가
이별이 아니심을 애써 뜻하시는 것이기에
영원한 작별일랑 천년만년 없겠지요?

떠날 줄 알면서도 떠나심을 안 믿었고
떠났어도 차마 떠나보내질 못하였던
한없이 주저 해온 번민 속의 회한들

너무나도 사랑했다는 그 이유 때문에
하늘은 이리도 사정없이
매서운 매질을 아직도 해대고 있는가 보오

남은 자의 고독

문득 아침이 오는 것이 두려워질 때면
가만히 눈을 감고 그 아침을 기다린다

어둠 뒤에 버려졌던 무수한 빛의 조각들이
검게 그을린 대지 위에 속절없이 나뒹굴다

새벽닭 울음소리 타고 먼동 타고 밝아오면
나뭇가지들 위에도 풀 잎새들 사이에도
가파른 빌딩들에도
제멋대로 짓이겨져 만물을 조각하고

때론 차디찬 계절을 보낸 후에
옛 기억의 봄을 찾아 사뿐히 내달아서
웅크린 대지 자궁에서 생명으로 움트듯이
내 허기진 영혼의 사무침도 이와 같을까!

하루하루 견디기 힘든 까닭 모를 외로움으로
또 덧씌워진 고독 속 짙은 그리움에 에둘리다
상실이란 무대 앞에 우연히 문득 서면
그 무대는 나에게 어떤 세레나데 들려줄까?

걸레처럼 뜯겨서 문드러진 가슴 위를
쿵쾅쿵쾅 때려 눌린 도리질에 짓쳐진 채
기약 없이 지내야 할 머나먼 날들의 시간 여행

또다시 밝아오는 새벽이 타닥타닥 다가오면
하얀 햇살에 조각될 이 성스러운 새 아침은
이제도 변함 없이 어제처럼 맞아줄까!

이승의 봄이 오면

봄이 오면
안개 낀 제주 비자림 숲으로 떠나가보리,
님께서 하늘과 바람과 나무와 흙과 새들과 벌레들을 벗 삼아 미소 지으며 걸었던
그 아늑한 곳으로.

봄이 오면
님이 남기신 보드라운 숨소리와 추억을 뿌린 그 길들 사이로 살며시 눈을 감고 걸어가 보리,
소곤소곤 피어나는 파리한 새싹들이
소곰소곰 가녀리게 숨 틔어 오르는 빛이 보이는
그 무언의 길을 따라서.

봄이 오면
님이 맡았던 향긋한 내음과 세상의 의미까지도 상상하며 걸어가 보리,
숲이 토해놓은 희뿌연 운무와 뿌리마다 엮인 시간의 흔적들을 담아놓은 그 영원의 길로.

봄이 오면
님께서 그려놓은 아득한 추억과 사랑이란 이름표가 씌어 있는 그곳으로 떠나가 보리,

기억 속에 채색되고 기록하여 붙잡아 둔
그 추억의 길로

봄이 오면
찬 겨울이 남긴 고통의 향기 맡으러 떠나가 보리,
껍데기를 벗은 영혼이 이리도 아름다울 수 있음을
비로소 알게 될 이상의 길로.

봄이 오면,
기다리리, 기다리리
이승에서 지아비가 보내는 애절한 그리움을
만발하는 꽃들을 풍성하게 지상으로 내려보내는
그날을 기다리리

애타게 불러보는 이름

애절한 마음으로
사무친 애환으로
그리움 한껏 담아
이름을 불러본다
전화도 걸어본다

불러도 대답 없고
전화도 끊어졌다
어디에 있을까?
어디로 갔을까?

걸어가는 걸음걸음
호수 위엔 햇살만이
반짝이며 깨어지고
그리움의 사모곡은
두 줄기의 눈물 되어
바람결에 흩날린다

그리움에 잠긴 설움
서러움이 절규되어
울고 울고 울고 울며
저 하늘 별이 된 님을
속절없이 불러본다

춘화야…
라영아…

당신이 그리운 까닭은

당신의 소중함을 알지 못하고
느끼지 못했던 가장 큰 이유는

늘 곁에 있으리라 자신하고
그리 믿었기 때문입니다

당신이 한없이 그리웠던 까닭은
아직도 내 안에 머물고있는 당신의 향기 때문입니다

여태껏 허둥대며 방황했던 이유는
아마도 그대가 비우고 간 내 안의 곪은 상처가
아직도 온전히 아물지 않고 있기 때문일 겁니다

숲속으로 또 바람이 스미어 지나가고
하늘에는 무수한 얼굴의 구름도 흘러가고
또 해가 지고 아침이 수없이 밝아와도

그 그리움은 어제와 똑같을 겁니다

우이암 牛耳岩

귀 달린 산에게 전할 말이 있어
산을 찾아 산으로 올라가 보네

새소리
바람 소리
천둥소리까지도
사시사철 귀를 세워 들어준다고 하기에

돌부리를 지나고
폭포 소리 들으며
귀 달린 산에게 꼭, 전할 말이 있어
그 산으로 산을 찾아 올라가 보네

지난날 못다 한 얘기 가슴속에 가득 담아
산정에 올라서서 님 소식을 물어보니
간절한 대답은 들려주지 않고
세찬 바람소리만 들려주네

봄은 실개천 따라 흐르고

이 봄은,
실개천에서 소곤소곤 졸졸 흘러내리다가
어둠이 밀려드는 알퐁스의 밤이 오면
창가로 밤하늘로 스멀스멀 기어올라
봄꽃 같은 별이 되어 하얗게 반짝이네

옛날 옛적,
목동이 들려주던 별자리들 전설에
살포시 잠들었던 스테파네트 소녀도
아름다운 사랑을 꿈꾸며 별 헤었던 밤

이제는,
은하수에 잠이 들어 별이 된 한 소녀에
두 손 모아 기도하는 외로운 한 목동이
옛사랑을 추억하는 별 내리는 마을에도

예쁜 사랑을 꿈꾸려 별을 품은 어둠이
소복소복 머리 위로 내려앉고 있네

제 4부

사랑이었음을 알았네

홀로 걸으며

오늘도 길을 걸었네요.
까만 밤하늘에 반짝이는 별들을 보며
또 보며
또 보며
혹여 당신도 보일까 싶어
하늘 보며 걸었네요.

누구를 붙잡고
누구의 얼굴에 부비며
어디를 향해 슬픈 연가를 불러야 할까요

여덟 번의 계절이 속절없이 흘러가고
차가운 겨울도 벌써 두 번이나 가려는데
그리움은 왜 더 쌓여만 갈까요.

아프지만 참 고마워요
왜냐하면 당신으로 인해 행복했었고
힘들었던 그 길이 분홍빛 꽃길이었음을
이제야 비로소 알게 됐으니까요

수억 광년을 쫓아 쉼 없이 달려온 별빛들이
기나긴 여행을 마친 뒤에야 말입니다.

추억을 버리지 못해 떠나보내지 못한 이
그 깨알 같은 사연마저 다 담아놓으려고
모두가 떠나가고 별들만이 남은 가슴속을
아름다운 기억들로 채워보려 애를 씁니다.

까만 하늘을 보며 또 길을 걸었네요
기다려주지 않는
기억해 주지 않는
알아주지도 않는
그 원망스러운 하늘을 보면서요

어루만져 달라 소리도 쳐 보지만
그렇다고 위로도 되지 않는 무심한 밤입니다

모두가 떠나버린 상처 입은 가슴 속엔
당신이 남겨놓은 공허한 영상만이
빈궁한 내 영혼의 빈자리에 머물고 있습니다.
마치 까만 밤하늘에 별들만이 남은 것처럼.

그 별들은 떠난 이와 함께했던
애틋했던 사랑과 행복들이
삶을 지탱해야 할 이유라 대답합니다

내일 밤도
수억 광년을 쫓아 여행하는 별들이
내가 걷는 외로운 길 위로 또 동행을 약속합니다

시월의 연가

잎새에 물든 시월의 밤을 잡아 둘 수 있다면
그대 머문 자리에다 고이 모셔 놓으련만
애원하며 붙잡아도 가야만 하는 사연이면
오색 잎들 곱게 엮어 가시는 길에 걸어두리

지는 잎이 못내 서러워 기어이 가시려거든
휘날리는 잎새 위에 그대 고백 남겨주오

서둘러 떠나려는 부산한 한 떨기 잎은
찬 서리에 상한 옷을 억지로 갈아입고
못내 떠날 아쉬움에 그대 사연 담아 가오

무심한 세월이여 무심한 세월이여
이 몸을 남겨두고 기어이 가시려거든
시월의 깊은 밤은 깨알같이 남겨두고
소슬바람 부는 데로 향기 되어 떠나소서

섣달 보름달이 익어갈 즈음

지난해 늦가을 후배들과 수락산 하산길에
크게 접질린 발목에 감옥살이처럼 지내다가
오늘은 모처럼 아픈 발목을 조금씩 이끌고
천천히 천천히 밤길을 사뿐히 걸어봤어요.

17,000보나 걸었으니 아픈데도 꽤 걸은 겁니다.
그간 못 걸으니, 병이 날 지경이었어요.
걷다 보니 하늘 중천엔 익어가는 달도 떠 있고요.
사흘 후면, 섣달 보름달로 예쁘게 익을 겁니다

동네 뒷동산 언덕으로 올라가는
또 다른 길목에는 데크 목재로 잘 디자인된
지그재그 계단이 있습니다

그 계단을 몸과 발을 이리저리 틀면서 올라서면
별들이 내리는 동네가 눈 아래 훤히 잘 보이지요
거기 서서 달을 보며 님에게 말을 걸어 봅니다

"자기야 잘 있니?"
그런데 아직 설익은 달만이 멀뚱거릴 뿐,
'자기'는 묵묵부답 아무 대답이 없습니다

그리 무심히 멀뚱한 달을 보며 말해놓고 나니,
나도 모르게 눈가에 눈물이 흘러내리고 있습니다
두 줄기 눈물 이름은 그리움과 서러움 이지요
당연히 님을 그리는 외로움으로부터 온 것입니다

"발목 아파도 나 열심히 잘 걷지?"
한마디 또 툭 하고 건네줍니다.
그래도 오는 대답은 역시 없습니다

그러고 나서 한참을 걷다가 집으로 들어오는데
서쪽으로 가던 달이 집까지 따라옵니다.
달이 자기처럼 혼자인 자기를
버리지 않는 밤입니다
오늘 밤은 외로움이 조금은
삭여질 수 있을 듯 합니다.

사랑이었음을 알았네

이제야 알았다네
저 머나먼 은하로 건너가
반짝이는 하얀 별이 된 뒤에야
얼마나 당신을 사모하고 있었는지를

그리고 뒤늦게야 알았다네
밤마다, 밤마다 산 넘고 물 건넌 별 무리가
힘겹게 문지방을 타고 넘어온 뒤에야
얼마나 당신으로부터 사랑받고 있었는지를

찬바람에 나뒹구는 낙엽이 가슴을 동여매어도
차마 꽃 잎사귀들이
거칠게 시들어 쓸려가는 줄을 몰랐고
그리워 목마른 갈증에 모진 애를 태웠어도
고이 내민 꽃잎 하나 받아줄 줄도 몰랐었는지를

어떤 그림을 그려서 주어야 할지를
무슨 채색을 칠해서 건네야 할지를
지천명의 세월이 부풀어 차오를 때까지도
깡마른 마음이 서툴고 거칠어
차마 알지도 못했는지를

저 아득한 별 무리 속으로 딛고 간 발자국이
스산히 부는 바람에 부서지고
어두워진 밤이슬에 흔적이 지워진 뒤에야
사랑이란 모양과 사랑으로 그려진 그림들을
비로소 조금 알 듯하였는지를

흐드러지게 꽃망울을 피워내던 봄날에도
이글거리던 태양이 쪼아 대던 여름날에도
화려한 만찬을 펼치던 눈부신 가을날에도
차디찬 눈발이 흩날리던 긴긴 겨울밤에도
사랑이란 이름의 언어를 감히 알지 못했었는지를

이제야 겨우 알 듯하다네!
끝없이 황량하고 뜨거웠던 광야의 언덕에서
회한의 십자가를 무겁게 짊어지고 난 뒤에서야
대속의 운명으로 그대를 구원했어야 한다는 걸,

그리고 이제야 알게 됐다네!
보이지 않는 그리움이 외롭게 남겨진 영혼에게는
얼마나 가혹한지를 느끼고 난 후에야
비로소 그게 사랑이었음을!

어머니와 그리운 가을 소리

어두운 밤 별길 따라 서늘바람 불어오고
은하수 물결 따라 숱한 사연 싣고 온 밤
가만가만 들어보니 가을이 오는 소리구나

그 옛날 골방 밖 이끼 낀 돌 틈새서
밤마다 불러주던 귀뚜리의 노래들도
그리움의 바람 타고 가니 지천명을 넘었구나

살며시 감은 눈엔 숱한 얘기 그득하고
바람 이는 깊은 밤엔 별들만이 가득한데
아득한 옛 기억을 재촉하며 다다르니
어머니는 간데없고 그리움만 남았구나

옛 벗들과 놀던 기억 아직도 어제 같고
풀벌레들 정든 소리 변함없이 은은한데
세월만큼 더 쌓이는 그리움은 어찌할까

바람 타고 시간 넘은 은하수가 밤길 내면
아들 얘기 듬뿍 담은 그리움의 보따리를
먼 길 온 바람에 실어 어머니께 보내볼까

자화상 自畫像

고개 들어 창공의 해를 바라보고자 하나,
감히 눈부신 해를 볼 수 없다

고개를 들어 밤하늘 별들을 바라보고자 하나,
또한 차마 별들도 볼 수 없다

해 뒤로 별들 뒤로
꼭꼭 숨어 얼굴을 묻고 싶다

망령되이 살아온 지난날들 모아보니
한 줌도 안 되는 덕의 부스러기뿐이다

무겁고 부끄러워
감히 얼굴을 들어 하늘을 볼 수 없음이다

늦은 가을날
땅바닥에 흩날리는 무수한 잎새만큼
조각나고 짓이겨져 말라져 가는 가슴앓이

모진 비바람에 깎이고 쓸리어
상처 나고 찢어진 형상으로 님 그리는 영혼이
차마 하늘마저 보지 못하고 있다

님의 묘지엔 가을바람 소슬이고

소슬한 가을바람 숨결처럼 불어와서
사무친 그리움이 밀물처럼 밀려들 땐
바람 따라 그리운 이를 만나보러 떠나본다

"그동안도 잘 있었소?"
"가시는 길 거칠잖고?"
"좋아하던 커피 향도 맡으시고 가시고요"

"일 년이 쌓였는데, 또 두 달도 얹었구려"
"아무리 목메어 불러봐도 소용없는 일이기에
그저 애탄 그리움만 가슴속에 적셔 보오"

"먼 길을 가시다가 문득 생각이 나시거든,
이전처럼 꿈속으로 잠깐만 오셨다가
고운 미소만 남겨두고 차마 가던 길을 가시고요"

"아~ 우리 언젠가는 본향에서 다시 만날 때도
퍼내도 퍼내도 마르지 않을 한없는 눈물샘은
억만 겁이 지나서도 여전히 넘칠게요"

"산골마을 꼬부랑 신작로 하굣길에
빨주노초 코스모스 눈이 부시던 날
우리 다시 그 시절로 되돌아간다면,
또다시 자전거에 분홍 가방 곱게 걸고
소녀 태운 자갈길을 덜컹덜컹 달릴 텐데"

"하늘하늘 풀 잎새로 속삭이듯 스치우며
사르르 사르르 소슬이는 가을바람 여린소리
어쩌면 정말이지 당신을 닮았구려"

마음의 평정을 찾아서
- 사랑한다는 것은

그리움이 깊게 켜켜이 쌓여서일까?
보고픔이 너무 간절했기 때문일까?
상실의 아픔이 너무 컸기 때문일까?
방황의 골이 너무 깊었기 때문일까?

고독이 화석처럼 굳어져 버린 못다 한 사랑에
미처 풀어내지 못한 한의 응어리가
가슴속 깊게 똬리를 틀고
악마의 형상으로 이 영혼을 옥죄고 있다

시도 때도 없이 불쑥불쑥 들이미는 거센 파도처럼
쏠려 오는 몹쓸 심리적 공황과 알지 못할 답답함,
불안과 초조들이 한꺼번에 달려들어
온몸을 불덩이로 돋우면서
공포스러운 가슴에 심지를 꽂아 놓으려 한다.

온몸으로 악을 쓰며 저항하려 애쓰지만
악마의 용틀임 같은 공격에 역부족이다.

막아내야 한다.
이겨내야 한다.
극복해야 한다.

그래야 비로소
'나'라는 존재를 붙잡을 수 있음이고,
그래야 당신을 사랑하는 불이 꺼지지 않고
언제나 타오르고 있다는 증거일 테니

클래식은 흐르고

하얀 봄 햇살이 창가로 내려앉은
텅 빈 집안으로
93.1 클래식이 흐르고 있다.

파리를 틀고 웅크린 공허와 적막이
구석구석 엎어져 나뒹구는 텅 빈, 공간으로
라디오는 봄빛을 타고 흐르고 있다

홀로 맞이하기엔 너무 벅찬 야속한 봄은
멀어질수록 더해지는 진한 그리움이 되어
책장 넘기는 사이사이 사박사박 쌓여진다

저 햇살은 알고 있을까?
저 구름도 알고 있을까?
열차 타고 가신 님이
어느 은하의 항성들을 지나가고 있는지!

시름을 잊으려 무심히 넘기는 책장 소리가
첫사랑을 태워 떠난 은하철도의 궤적처럼
아득하게 들려오는 힘겨움에 지치는 밤

오월의 소쩍새 소리, 시름 없은 깊은 밤에
안주인 없는 집의 고요 속으로
클래식은 잔잔히 흘러들고 있다

이 산 저 산 오르면

이 산에 오르면 더 멀리 보일까
저 산에 오르면 좀 더 멀리 보일까

올라도 올라도
더 멀리 보이는 건
산 너머에 서 있는 또 무심한 산들뿐

이 산에 오르고
저 산에 오르면
님 가신 길도 더 잘 보일까

하얀 안갯속에 숨어 버린 머나먼 하늘길
산들마저 안개 덮고 잠들어 버린 곳에
돌아오지 않을 메아리를
누가 이리 애타게 부르고 있는가!

구름을 건너는 달

두리둥실 강강술래 한가위를 엮은 밤에
둥글둥글 뒹구르며 구름 위를 건너는 달

한 발 두 발 쉴 새 없이 구름다리 건널 지면
님 계시는 하늘 끝에 다다를 수 있을 건가

건너고 또 건너가도 제자리인 듯한 네 영혼은
끝낼 수 없는 죄를 굴린 시지프스의 슬픈 운명

한가위라 밝은 밤에 가을벌레들도 재촉하건만
님 기다릴 은하역엔 언제 도착하려는가!

춘녀 春女

이 바보야, 이 바보야
그리 힘들게 꽃 피우러 나왔다가
쉬이 떨구고 갈 길이었거든
차라리 그 험한 길 오시지나 말지

이 봄에도 또 오지 못할 길이었거든
차라리 꽃이나 피우지나 말지
갈 때는 한마디 말없이 가시고서
꿈속으로 찾아와 부르시면
이승과 금단의 저승 사이가 멀어
소통될 리가 만무한데

이 바보야, 이 바보야
들릴 수 있게, 들을 수 있게
천국의 핸드폰으로 전화를 걸어
이승의 말로 제발 얘기해주렴

꽃으로 왔다가 서럽게 울며
홀로 외로이 떠난 길이 얼마나 무서웠을까?
아니 얼마나 좋은 곳이기에
도착 전화 한마디 없는 목적지를
홀로된 나그네가 기약 없이
바라만 보게 하는가

아직도 출발 못 한 천국 정거장엔
기다리는 열차는 애원해도 기별이 없고
애타게 기다리는
서러운 연민만 바람에 실려 오건만

이 바보야, 이 바보야
꽃비 내리는 꽃길 따라 가버렸으니
추억의 봄을 어찌 또 맞으라고
이 봄도 저 꽃길 따라 바람에 실려 가면
쏟아지는 꽃비는 어찌 견디라고

다시 봄꽃이 필 때까지
서러운 바람 부는 썰렁한 플랫폼엔
오지 않을 춘녀春女를 기다리는
나그네만 홀로 서 있다네

하늘아 하늘아

하늘아, 하늘아
내 님이 떠나가신 파란 하늘아
뭉게구름 뭉실 둥실 하얗게 띄워 주렴

먼 길 가신 내 님 형상 구름으로 볼 수 있게
이 구름, 이 햇살에 저 구름 저 햇살에

살포시 짓는 미소 영락없는 님이구나
아, 바람아, 바람아 세차게 불지 마라
우리 님 고운 형상 저 멀리 날아갈라

초저녁의 둥근달
두둥실 떠오른 자태를 바라보니
두 손 모아 빌던 소원이
저 달 속에 가득 찼다

9월 초하루 쪽빛 하늘엔 벌써 가을이 왔다는데
님 닮은 뭉게구름 높이 높이 멀어지니
출근길 두 눈가엔 애타는 이슬만 맺히구나

길가에 소슬소슬 풀 이파리 소리에도
가을밤 불러주는 풀벌레들 합창에도
가녀린 가슴속은 어찌 이리 애달플까

서녘 하늘 노을 속에 별들마저 잠든 마을이
풀벌레들 합창으로 가슴 적신 가을밤에
지아비의 기도 소리 촛불 속에 애타구나

님 그리움

퍼내도 퍼내도 마르지 않는 샘처럼
채워도 채워도 차지 않는 바다처럼
울어도 울어도 마르지 않는 가슴에
님 그리운 목마름은 언제 다 채워질까

잔인한 칠월의 이글대던 저 태양도
님 닮은 뭉게구름 곱게 빚어 내리더니
뜨거운 대지 위에 님 그림자를 그리고
새벽녘 굵은 비는 통곡처럼 내쏟더니
삼우제 묘지 위엔 햇살만이 그득하다

치유의 길 떠나 헤매고 헤매이던 몇 해
첫사랑의 행복 길은 저 강물에 막히고
숱한 사연들만 조약돌처럼 흩어져있는
저 애증의 검은 강을 어찌 건널 것인가

하늘길 가시는 님을 안타까이 배웅한 날
먼 길 가시던 발걸음을 애써 다시 돌리시어
행복했단 말 남기시려 꿈속으로 찾아왔네

울고 또 울어도 마르지 않는 가슴에
채워도 채워도 애타는 님 향한 큰 그리움
이 모진 죄업을 어찌 다 씻어 낼까

한밤에 찾은 님 또 끌어안고 통곡하니
칠월 밤 개구리도 슬피 울며 지새우네

바다야 바다야

바다야 바다야
하염없이 일렁이는 남쪽 바다야
애타는 지아비의 깊은 가슴속만큼
너의 속도 그만큼 깊디 깊을까

바다야 바다야
아마도 너는 알리라
처얼썩 처얼썩 일렁이는 네 몸짓만큼이나
안타까이 울렁이는 내 몸부림도
그 못지않음을

바다야 바다야
무심한 바다야
한 번만 더 하얗게 춤을 춰 주렴
내 얼룩진 눈물자욱 씻겨지도록

바다야 바다야
수평선으로 어둠이 까맣게 밀려들면,
부서지던 파도의 흐느낌도 잠든 밤처럼
우리 님도 오늘 밤, 잠 잘들 수 있을까

바다야 바다야
비로소 등불을 켜 든 아침이 밝아오면,
바위에 부서지는 네 하얀 미소처럼
님께도 그런 미소 활짝 피면 좋으련만

아! 바다야 바다야

별 내리는 마을

불암이 별 마을에 길게 드러눕고
저녁 어스름이 짙게 드리워질 때
별 내리는 마을 작은 연못에도
작은 별들이 가득히 쏟아져 내립니다

별들의 수만큼이나 재잘대는 개구리들 목소리가
불암이 토해놓은 어둠 속을 헤집을 때
시인도 아득한 날의 추억 속을 거닐면서
깜장 고무신 시절의 소년으로 되돌아갑니다

고단한 노동으로 구들장에 등을 뉘고
사계절 쉼 없이 가쁜 숨을 몰아쉬시던

아, 어머니~ 어머니~

밤마다, 밤마다 논두렁 개구리 소리는
구멍 뚫린 문틈으로 쉼 없이 찾아들며
가난한 소년의 꿈을 이상의 언덕으로
쉼 없이 실어 날랐습니다

불암도 어둠에 잠겨지는 마을에
집집마다 하나하나 작은 창가에도
크고 작은 별들만이 소복소복 내려앉고 있습니다
별들이 잔잔히 내리는 마을에…

사모思慕곡

황금빛 휘장 막을 곱게곱게 드리우고
그리움에 잠들었다 피어나는 저녁놀

먼 길 가신 님보러 가는 길 이리도 험란한데
가시는 길 그 여정은 어이 그리 거칠을까

하늘빛은 여전히도 어제처럼 예 그대론데
저녁놀에 타는 가슴 어찌 이리 애달플까

쓸쓸한 가을바람 이제 겨우 시작인데
오색 단풍 일게 되면 그땐 어찌 견뎌 낼지

말없이 고이 잠든 황금 노을 묘지 위에
꽃잎처럼 피어 앉은 잠자리 한 쌍 부럽구나

*****
묘지에 잠든 아내를 만나고 오는 길에

홀로 듣는 낙엽 소리

가을아 가을아
스무 해 전 그날에도
소슬바람 귓가에 살며시 속삭였고
사랑하며 행복 하자며 간절했던 소망들은
오색 단풍 위에 시로 씌어 산천을 물들였지

함께 걸었던 옛길들엔 오늘도 그 바람 또 일고
오얏봉 하늘빛도 여전히 그대론데

추억 찾아 님 그리며 갈 길 잃은 나그네에
나뭇가지 사잇사잇 바람으로 오신 님은
꽃잎 같은 잎새들만 속절없이 쏟아내오

사랑 잃은 꿈들만이 낙엽으로 뒹구는 추억 길에
그리움을 채우고 또 채워도 또 모자랄 이 가을아

사구르르 낙엽 소리 재잘대는 걸음마다
길 위의 잎새들에 숱한 추억들이 그려지니
깔깔대던 아이들 웃음소리 낙엽 따라 그립구나

어찌하리 호숫가를 차마 오르지 못함은
홀로 듣는 낙엽 소리 쓰리고 서러워서니

샘문시선 1067

한국문학상 수상 기념 시집

사랑이었음을 알았네

이종탁 감성시집

발행일 _ 2025년 9월 22일
발행인 _ 이정록
발행처 _ 도서출판샘문
저 자 _ 이종탁
감 수 _ 이정록
기 획 _ 박훈식
편집디자인 _ 신순옥, 한가을
인 쇄 _ 도서출판샘문
주 소 _ 서울특별시 중랑구 동일로 101길 56, 3층(면목동, 삼포빌딩)
전화번호 _ 02-491-0060 / 02-491-0096
팩스번호 _ 02-491-0040
이메일 _ rok9539@daum.net / saemteonews@naver.com
홈페이지 _ www.saemmoon.co.kr (사단법인 문학그룹샘문)
　　　　　www.saemmoonnews.co.kr (샘문뉴스)
출판사등록 _ 제2019-26호
사업자등록증 등록 _ 113-82-76122(사단법인 도서출판샘문)
　　　　　　　　　677-82-00408(사단법인 문학그룹샘문)
　　　　　　　　　501-82-70801(사단법인 샘문뉴스)
　　　　　　　　　116-81-94326(주식회사 한국문학)
샘문사이버교육원 (온라인 원격)-교육부인가 공식교육기관 _ 제320193122호
샘문평생교육원 (오프라인)-교육부인가 공식교육기관 _ 제320203133호
샘문뉴스 등록번호 _ 서울, 아52256
ISBN _ 979-11-94817-29-1

본 시집의 구성은 작가의 의도에 따랐습니다.
이 책의 저작권은 저자와 도서출판 샘문에 있습니다.
무단 전재 및 표절, 복제를 금합니다.

파손된 책은 구입처에서 교환해 드립니다.
본지는 한국간행물 윤리위원회 윤리강령 및 실천요강을 준수합니다.

문집 출간 안내

도서출판 샘문 에서는

베스트셀러 명품브랜드 〈샘문시선〉에서는 각종 시집, 시조집, 수필집, 동시집, 동화집, 소설집, 평론집, 칼럼집, 꽁트집, 수상록, 시화집, 도록, 이론서, 자서전 등 문집을 만들어 드립니다.

도서출판 샘문에서는 저자님의 소중한 작품집이 많은 독자님들에게 노출되고 검색되고 구매하여 읽히고 감상할수 있도록 그 전 과정을 기획, 교정, 교열, 퇴고, 윤문(첨삭,감수), 디자인, 편집, 인쇄, 제본, 서점 등록(납품,유통), 언론홍보, SNS홍보 등, 출판부터 발매 까지의 전략을 함께해 드립니다.

📖 출판정보

샘문시선은 도서출판비를 30% 인하 하였습니다. 국제원자재값 폭등으로 인하여 문집 원자재인 종이값 등이 3번에 걸쳐 43% 상승하였으나 이를 반영하지 않았습니다.

- 📢 저자가 필요한 수량만큼 드리고 나머지는 서점 유통
- 📢 시집 표지는 최고급으로 제작함 - 500부 이상
- 📢 제목은 저자 요청시 금박, 은박, 에폭시로도 제작함
- 📢 면지는 앞뒤 4장, 또는 칼라 첨지로 구성해드림
- 📢 본문은 100g 미색 최고급지 사용함(눈 보안용지, 탈색방지)
- 📢 본문 200페이지 이상은 80g 사용
- 📢 저서봉투 - 고급봉투 인쇄 무료 제공
- 📢 출간된 책 광고(본 협회 =〉 홈페이지, 샘문뉴스, 내외뉴스, 페이스북 13개그룹(독자& 회원 10만명), 카페 3개, 블로그 2개, 카톡단톡방 12개, 유튜브, 카카오스토리, 인스타그램, 문예지 4개, 문학신문 등)
- 📢 견적 ▷ 인세 계약서 작성 ▷ 기획 ▷ 감수 ▷ 편집 ▷ 재감수 ▷ 재편집 ▷ 인쇄 ▷ 제본 ▷ 택배 ▷ 서점 13개업체 납품 ▷ 저자에게 납품 ▷ 유통 ▷ 홍보 ▷ 판매 ▷ 인세지급
- 📢 출판기념회는 저자 요청시 본사 문화센터(대강의실) 무료 대여 가능(70명 수용가능) 현수막, 배너, 무대 조명, 마이크, 음향, 디지털 빔, 노트북, 줌시스템, 모니터, 컴퓨터, 석수, 커피, 차, 무료 제공
- 📢 저자 요청시 저자의 작품 전국대회에서 수상한 시낭송가가 낭송하여 유튜브 동영상 제작 =〉 출판기념식 및 시담 라이브 방송
- 📢 저자 요청시 네이버 생방송 출판기념회 가능(유튜브 연동) - 네이버 라이브 커머스쇼
- 📢 뒷 표지에 QR코드 삽입가능 - 저자의 작품 시낭송 유튜브 동영상 등(요청시)
- 📢 교정, 교열, 감수, 윤필(첨삭감수), 평설, 서문 등(유명한 시인, 수필가, 소설가, 문학평론가, 항시 대기)

문집 출간 안내

📖 빅뉴스

이정록 시인의 〈산책로에서 만난 사랑〉이 네이버 선정 베스트셀러로 선정 된 이후 〈내가 꽃을 사랑하는 이유〉, 〈양눈박이 울프〉, 〈꽃이 바람에게〉, 〈바람의 애인, 꽃〉시집이 연속 교보문고 베스트셀러에 선정 되고 5권 전부 출간 순서대로 골든존에 등극하였다. 평생 한 번도 어렵다는 자리를 이정록 시인은 5년 동안 5번에 오르고 현재도 이번 2022년 5월경에 출간된 [바람의 애인, 꽃] 영문판과 [담양장날]이 출간을 기다리고 있다

〈서창원 시인, 2회〉, 〈강성화 시인〉, 〈박동희 시인〉, 〈김영운 시인〉, 〈남미숙 시인〉, 〈최성학 시인〉, 〈이수달 시인〉, 〈김춘자 시인〉, 〈이종식 시인〉 외 한용운문학상 수상 시인인 〈서창원 수필가〉, 〈정세일 시인〉, 〈김현미 시인〉가 올랐고, 2022년 올 봄에는 〈정완식 소설가〉 『바람의 제국』 이 소설집으로는 최초로 『네이버 선정 베스트셀러』 반열에 올랐고, 〈이동춘 시인〉에 『춘녀의 마법』 시집이 『네이버 선정 베스트셀러』 반열에 올랐다. 그리고 컨버전스공동시선집과 한용운공동 시선집도 간간히 베스트셀러를 하고 있는 〈베스트셀러 명품브랜드〉 『샘문시선』 이다

〈샘문시선〉은 〈베스트셀러_명품브랜드〉로서 고객님들의 〈평생가치를 지향〉하는 〈프리미엄 브랜드〉입니다. 고객이신 문인 및 독자 여러분, 단체, 기관, 학교, 기업, 기타 고객분들을 〈평생 고객〉으로 모시겠습니다. 많은 사랑 부탁드립니다

📖 샘문특전

📣 교보문고, 영풍문고, 인터파크, 알라딘, 예스24시, 11번가, Gs Shop, 쿠팡, 위메프, G마켓, 옥션, 하프클럽, 샘문쇼핑몰, 네이버 책, 네이버쇼핑몰, 네이버 샘문스토어 등 주요 오프라인 서점, 온라인 서점, 오픈마켓 서점에서 공급 및 유통하고 있습니다.

📣 기획, 교정, 편집, 디자인에 최고의 시인 및 작가, 편집가, 디자이너, 평론가, 리라이팅(첨삭 감수) 및 감수 전문가들이 참여하여 감성, 심상이 살아 있는 시집, 수필집, 소설집, 등 각종 도서를 만들어 드립니다.

📣 인쇄, 제본, 용지를 품질 좋은 우수한 것만 사용합니다.

📣 당 출판사 〈한용운공동시선집〉, 〈컨버전스공동시선집〉과 〈한국문학공동시선집〉, 〈샘문시선집〉을 자사 신문인 〈샘문뉴스〉와 제휴 신문인(내외신문), 글로벌뉴스와 홈페이지(2군데), 샘문쇼핑몰, 네이버 샘문스토어, 페이스북, 밴드, 카페, 블로그를 합쳐서 10만명의 회원들이 활동하는 SNS 20개 그룹 공개 지면 및 공개 공간을 통해 홍보해 드립니다.

📣 당 출판사를 통해 국립중앙도서관 및 국회도서관 및 전국 도서관에 납본하여 영구적으로 보존해 드립니다.

📣 당 문학그룹 연회비 납부 회원은 30만원 상당에 〈표지용 작품〉을 제공 받습니다.